Unique

Unique

打敗不可能

MOONSHOT

A NASA Astronaut's Guide to Achieving the Impossible

把握 0.000001% 成功機率 你也能從地球到太空

麥克・馬西米諾
Mike Massimino

林曉欽——譯

獻給航太總署（NASA）過去的、現在的，以及未來的團隊——
因為你們鋪設了人類實現夢想的道路，其中也包括我的夢想。

目錄

Contents

各界讚譽

「實現目標途中的一千件小事容易將意志消磨殆盡，作者把親身經歷的太空任務故事串連為誠摯深刻的指引，傳承如何面對自我懷疑、如何與團隊互相照應，共同前進。只要是肩負責任、對生命有所追求的人，這本書都能引起共鳴。」

——吳宗信，火箭阿伯、國家太空中心（TASA，Taiwan Space Agency）主任

「富有娛樂性及個人色彩，充滿了令人心跳加速、與群星為伍的故事。麥克．馬西米諾從數十年的航太總署太空人經驗中汲取了這些寶貴的啟示，幫助我們這些居住在地球上的凡夫俗子，在各自追求的旅程中取得成功。《打敗不可能》就是我們現在正需要的一本書！」

——美國退役海軍上將威廉．麥克雷文（William H. McRaven），《紐約

時報》（*New York Times*）暢銷榜冠軍《鋪床》（*Make Your Bed*）和《牛蛙的智慧》（*The Wisdom of the Bullfrog*）作者

「《打敗不可能》的作者，麥克·馬西米諾——毋庸置疑，他是有史以來最酷的太空人——而這也確實是一本『超凡脫俗』的生活指南，我們都需要好好研讀。對於成就、成功，以及追求偉大夢想的意義，本書提出了令人愉悅且深刻洞察的分析。」

——瑪伊姆·拜利克（**Mayim Bialik**）博士，神經科學家、女演員、美國智力競賽節目《危險境地》（*Jeopardy*）主持人、《紐約時報》暢銷榜冠軍《別只叫我女孩》（*Girling Up*）作者

「一場激勵人心的旅程，探索關於領導的深刻道理、團隊合作的應變能力，以及在艱困的太空環境之中，堅守誠信是成功的基石。《打敗不可能》成為我們的精神燈塔，指引想要在群星之中脫穎而出的必要元素。」

——史考特·凱利（**Scott Kelly**），前美國航太總署太空人暨太空梭和國

際太空站指揮官、《紐約時報》暢銷書《我在太空的340天》（*Endurance*）與攝影集《無限驚奇》（*Infinite Wonder*）作者

「一個團隊必須共同投入某個目標，才能創造出偉大的成就並載入史冊。在本書中，麥克・馬西米諾清楚地闡明，藉由決心、犧牲，以及團隊合作，沒有任何夢想過於大膽。他的故事鮮明地展示了重視所謂的『小事』，才能戰勝不利情境並共同達到非凡高度。《打敗不可能》提醒我們記得，我們的堅忍不拔能夠戰勝追求夢想時遭逢的困難。」

——喬・托瑞（Joe Torre），美國職棒名人堂、紐約洋基隊四次世界大賽冠軍總教練、《紐約時報》暢銷榜冠軍《我在洋基的日子》（*The Yankee Years*）與《逐夢》（*Chasing the Dream*）作者

序
實現你遠大的登月目標

我從來不是你想像中的典型太空人。我承認，高中畢業時，我絕對不會是下一個登月太空人尼爾·阿姆斯壯（Neil Armstrong）。我是個來自長島的工人階級孩子，身材瘦長孱弱、視力不好，而且懼高。我不認識任何與太空計畫有關的人物，我甚至沒有任何對象可以討論該如何找到與太空計畫有關的人物。我沒有計畫，也沒有頭緒。然而，我依然成功了。我只有剛好足夠的聰明才智、天賦，以及運氣，但我主要的優點是決心、堅忍，以及勇氣，加上讓我被打倒之後能夠繼續勇往直前的熱忱——而且我經常被打倒。

諷刺的是，從二〇一四年離開美國國家航空暨太空總署（National Aeronautics and Space Administration，NASA；後簡稱為航太總署）之後，正是那些讓我不像「典型太空人」的個人特質，實際上使我成為一位傑出優秀的前太空人。藉由在電視影集《宅男行不行》（*The Big Bang Theory*）、國家新聞頻道、深夜電視訪談節目，以及在國家地理頻道和探索頻道無數次擔任特別來賓，我得以與全球各地的觀眾建立聯繫，和他們交流太空計畫的真實模樣，以及前往太空的真實意義。

過去九年擔任了這樣角色的過程中，加上哥倫比亞大學的教職工作，我已經向廣大領域的聽眾（醫學、金融、保險、資訊科技、製造、高等教育，以及其他許多領域）進行數百場演說和簡報。一開始，我不確定自己的故事能不能讓觀眾產生共鳴。但我很快就發現，我的經驗之所以能夠讓觀眾感同身受，原因是「我並非天才」。我不是尼爾．阿姆斯壯、不是籃球員勒布朗．詹姆斯（Lebron James），也不是演員喬治．克隆尼（George Clooney）。我們大多數人都不是。我們大多數人都可以感同身受那種身處不屬於自己的地方，成為局外人的感受，也可以感同身受那種辛苦追上周圍所有人，而他們似乎能夠不費吹灰之力地展翅高飛的感受。

事實是，如果你並非天生好手，你就必須努力追求。我從長島一路前往群星的旅程，正好就是一個關於努力追求的絕佳例子。如果沒有努力付出，並且找到聰明工作的最好方法，我永遠不會成為一位太空人。在演講結束之後的交流之中——從充滿抱負的研究生、年輕的專業人士，到成功的企業高層，我逐漸發現，真正能夠使人產生共鳴的，就是那些帶有啟示的訊息和建議，並且可以讓聽眾代入日常生活的故事。

觀眾的回應鼓舞我撰寫一本書，將太空飛行和其他生活經驗帶來的啟示，向更廣大的受眾分享。這本書集結了我在航太總署以及往後歲月中學到的種種事物，以及關於如何將其應用至個人生活與職業生活之中的指引。這本書的主題不是如何成為一位太空人，而是我身為太空人時學到的一切，能夠如何協助任何人達成想要的任何目標。將一個人送到月球上通常被視為人類努力和成就的頂點——是我們下定決心去做某事，並且同心協力追求這個目標時所能達到的巔峰。

時至今日，只要政府或者任何一個組織決定追求不可能實現的目標，我們就會稱之為「登月」。我們每個人都有想在生命之中實現的個人「登月」目標，然而，正如任務管控中心會告訴你的，成就一個偉大的目標，真正的意義其實是確實完成沿途上的一千件小事。《打敗不可能》這本書將會告訴你如何達到這個目標，協助你走上完成個人生涯與職涯夢想的道路。

Chapter 1

百萬分之一不是〇

即使前方困難重重，請依然勇往直前。

一九九二年三月三十日的夜晚，在麻州劍橋市麻薩諸瑟大道一間小公寓的小廚房，我在繼續埋首念書之前，拿了零食——為了在六月畢業之前完成博士學位論文。在我身後的客廳，電視正播放奧斯卡金像獎頒獎典禮，由比利．克里斯托（Billy Crystal）擔任主持人。我一邊翻找冰箱，一邊隨意聽著頒獎轉播，但接著我聽見主播提到他們即將與軌道上的太空梭團隊成員進行現場連線。

自從尼爾．阿姆斯壯在月球漫步以來，任何與太空計畫稍微有點關係的事情，都會立刻激起我的興趣，所以我放下牛奶和奧利奧餅乾，走向電視機，想要更仔細地觀賞從太空梭到洛杉磯頒獎典禮現場的對地傳輸畫面。在太空梭的艙段中，STS-45太空梭任務的隊員將一座奧斯卡小金人雕像帶往太空，讓小金人在空中四處飄浮轉動，和地球上的典禮主持人談笑風生。

我只能假設航太總署之中，有一些非常聰明的公共事務官員事先規畫了這次的重大公關活動，因為在那個時候，航太總署確實需要好的曝光。對於太空計畫來說，一九九二年是非常艱辛的一年。永久性太空站計畫（當時取名為自由號太空站〔Space Station Freedom〕）處於危機之中，預算遭到刪減，甚至有人質疑是否應該建立一座太空站。直到一九九三年之後，該計畫經過變更與改名，在國會的勉強同意之下，國際太空站（International Space Station）終於誕生。但真正嚴重的問題不只影響了任何單一計畫。那一年，美國經濟受到重創，航太產業隨之萎縮，似乎四處都在裁員。

當時，我的心情也非常沮喪。我已經努力了很多年，想要完成在麻省理工學院的課業，取得博士學位。直到我快要成功了，畢業之後卻只能進入正要承受低迷狀態的航太領域就業市場。我的目標一直都是搬到休士頓，在太空計畫中找到一份工作，希望能夠提高我成為一位太空人的機會。我想要尋找詹森太空中心（Johnson Space Center）太空機械操作或工程研究的職位，或者在一間主要的太空承包商任職。但當時沒有人在招聘，我唯一的機會——在一間石油公司擔任工程師——以我看來，距離我的興趣過於遙遠，而且可能會偏離我想要進入太空的夢想。

那個夢想，追隨我心中英雄們進入太空軌道的想法，早在我的想像之中經歷了千次的生死。如果你還年輕，一切都是可能的。問一個孩子：「你長大想要做什麼？」你會得到充滿無限希望的答案，你只能忍俊不禁。他們想要成為搖滾明星、古生物學家，或者是搖滾古生物學家明星，各種答案應有盡有。尼爾．阿姆斯壯和巴茲．艾德林（Buzz Aldrin）首次在月球漫步之後的那個早晨，我六歲。我請媽媽將我在學校話劇表演中穿的大象服裝拿出來，修改為太空人服裝。我穿上那件太空裝，帶著我的太空史努比玩具，在那個美好的餘夏，在家中後院進行一場神奇的月球冒險。我已經清楚地知道自己長大之後想要做什麼。

遺憾的是，隨著年紀增長，那些夢想有時候會迎頭撞上一個稱為現實的東西。你開始遭逢生命在沿路上設置的所有障礙——求學的難題、財務的限制。比起面對外部世界的障礙，更艱難的是，你要開始面對你自身的限制。對我來說，那個時刻在八歲那年的一個周末到來。我前往紐約上州的一座高山，名字是高點山（High Point），我父親在附近長大。這座山擁有最令人驚嘆的美景，圍繞著農地與鄉村，而那片美景讓我畏懼。就在那一天，我發現自己懼高，而我沒有辦法想像在任何一個世界，會有懼高症的太空人……我長大以後永遠不可能成為尼爾．阿姆斯壯。

在隨後那幾年，我的太空夢想時而如日中天，時而黯然消退。我曾經短暫地完全失去這個夢想，卻在大四那一年，觀賞《太空先鋒》（*The Right Stuff*）之後，感受到那股熱情以強烈的方式重燃。《太空先鋒》是一部電影，講述水星計畫（Project Mercury）最初的七名太空人暨測試飛行員在太空計畫的早期歲月探索疆域。我立刻閱讀湯姆．沃爾夫（Tom Wolfe）撰寫的電影原著《真材實料》（*The Right Stuff*），並反覆觀看那部電影的錄影帶。在內心深處，我非常清楚，無論用什麼方法，我必須努力成為一位太空人。但我又一次軟弱害怕。我覺得自己必須安定下來，找一個真正的工作，最後我曾經短暫地坐在國際商業機械公司（International Business Machines Corporation，ＩＢＭ）的辦公間。ＩＢＭ是間非常值得效力的公司，也給我一個很好的工作，但不一定是最適合我追求太空飛行夢想的職位。

後來，一九八六年一月，挑戰者號（Challenger）太空梭爆炸事件發生。這件事情提醒我，生命可以如此短暫，在追求自己熱愛的目標時，實現人生又是何其重要——甚至是賭上自己的生命。這個頓悟鼓勵我改變，追求與太空計畫有關的職業，也讓我踏上前往麻省理工學院以及麻薩諸瑟大道那間小公寓的道路。只是，因為經濟不景氣和就業市場低迷，以及太空計畫本身的前途未卜，我再度陷入谷底。我已經向太空人計畫提出申請，而且遭到拒絕過一次。現在，我看著與太空計畫沒有關係的公司提出的工作機會，又一次讓我的太空夢想岌岌可危。

但是，在奧斯卡金像獎頒獎典禮上看見這群太空梭隊員，他們一起在外太空飄浮微笑，我愣愣怔怔，幾乎進入了一種癡迷出神的狀態。我心裡只有一個想法：「我必須成為其中之一。」我非常清楚地知道，我只想成為一位太空人。然而，片刻之後，我的腦海出現了第二個想法：「但你永遠不會成功的，麥克。你是不可能成為太空人的。」只有極為少數的人能夠實際成為太空人，實現的機率以壓倒性的方式對我不利。「太荒唐了。」我思忖：「簡直是百萬分之一的機會。」

但是，我進行了數學計算。我善用麻省理工學院的華麗學位證書，算出了讓太空夢想存活的結果。「**百萬分之一不是〇**，」我心想：「只是一個非常小的數字，〇．〇〇〇〇〇一。」小數點後有許多個〇，以一結尾。從定義上來說，這個數字不是〇。唯有當你不願意嘗試，在那些〇後面的一才會消失。**讓一個目標真正變得不可能的唯一方法，就是在面對困境時不願意嘗試，或者**

放棄。一旦放棄，你就能夠明確知道結果：你百分之百不會達成目標。那天晚上，我已經非常接近放棄，正如我在面臨其他許多情況時一樣。但多虧我迅速地數學計算、我的意志，還有我的決心，我的百萬分之一並未崩解為〇。

只要繼續嘗試，就還有機會

我在一九八九年時，第一次向航太總署的太空人計畫提出申請。經過了大約八個月的等待，我收到回信。我迅速打開信封，信紙上有航太總署的官方正式信頭，上面的答覆是：「拒絕。」信中還有其他文字，但其實一個簡單的「拒絕」就夠了，而且可以節省納稅人在印刷墨水上的支出。

一九九一年，當我正在努力完成博士學位時，航太總署宣布他們開始接受一九九二年太空人班申請。「太好了。」我心想，「我可以畢業之後，立刻前往航太總署。」我在信封中放入我的第二次申請。我等了幾個月，心裡懷著觀看太空梭任務隊員出席奧斯卡獎時的「百萬分之一」頓悟。幾個星期之後，我收到航太總署對我第二次申請的正式回應。這次使用的信件和第一次不同，上面的日期改變了。除此之外，內容完全就是我在兩年前收到的拒絕。我的決心並未因此退縮。我要求自己記得，只要繼續嘗試，我還是有機會。而我的求職好運對此也有幫助，雖然經濟持續不景氣，我還是在德州休士頓的麥克唐納・道格拉斯航太公司（McDonnell Douglas Aerospace）受雇擔任研究工程師。我將會與來自詹森太空中心的工程師攜手進行太空機械計畫。

幾年之後，航太總署再度宣布他們要招募更多太空人。我把第三次的申請書放在信封中。這一次，我並未收到回信，而是接到一通電話。航太總署這次有人親自打電話告訴我，我成功進入面試階段。我現在已經是一九九五年太空人訓練班一百二十名最終決選者的其中之一了。我的機會看起來比之前更大……至少我是這麼想的。

太空人工作的面試，不只是與太空人遴選委員會進行一場面談。這個面試是用一整個星期完成許多測驗與克服困難，有筆試、智商測驗、人格測驗及社交活動。還有一個倫理測試提出許多詭異的問題，例如「在……情況下，殺人是可以的嗎？」還有，在整個星期的時間，你要接受一連串的醫學檢查。他們從頭到腳檢查你，彷彿你是一隻實驗室老鼠。他們觀察你的耳朵、深入檢查你的喉嚨、腦部掃描、全身電腦斷層掃描、血液樣本檢驗、尿液樣本檢驗、糞便檢驗。他們在你所有的內臟器官進行超音波掃描，檢查是否有腫瘤或者動脈瘤。他們把攝影機放進你的「後面」，檢查裡面的情況，對我來說，這還是一種全新的體驗。其中一天，他們把心律檢測器交給你，要求你配戴二十四個小時，追蹤是否有異常心跳。他們在你的全身上下，竭盡所能尋找是否有任何問題。等到醫學檢查結束之後，你已經被捅、刺，仔細地檢查，而且是藉由你根本無法想像的方法。他們一直把我留在那裡，直到他們非常清楚地知道我的情況。接著，等到他們徹底對我一清二楚之後……我又被拒絕了。只是這一次，我不只是遭到拒絕，我是在醫學條件上不符資格，因為我的眼睛。

我從七年級開始就知道自己的視力不太好。我第一次發現這件事情是在紐約大都會棒球隊（New York Mets）的比賽上。我想在自己的計分卡上寫下當天的先發球員名單，但我沒辦法看清楚球場遠方的計分板。我後來配了眼鏡，但我很討厭眼鏡，因此我不常戴著。我有一次在打棒球的時候戴著眼鏡，一顆直球擊中我的臉部，傷到了我的鼻子。我認為那是一個訊號，要我放下眼鏡。

從此之後，我在大多數時間都處於看不清楚的情況。到了十一年級，我的視力變得很差，我必須在籃球場上瞇著眼睛，才能看見籃框。

我最後終於屈服，開始配戴眼鏡以及隱形眼鏡，從此以後，我過得很好。我不認識任何飛行員或太空人，也沒有軍事或者航空背景，我根本不知道有朝一日視力會變得如此重要。時至今日，已經有雷射屈光角膜層狀重塑術（LASIK，俗稱的雷射手術）以及其他手術，航太總署也已經完全改變了太空人遴選時的視力標準，但在那個時候，想要成為太空人或者軍方的飛行員，你必須擁有20／20的視力（視力一．〇），或者非常接近的視力水準。一直以來，我都在快樂地生活，追求自己的太空夢想，投入數年的時間攻讀博士學位、無憂無慮，不知道眼睛有缺陷的這個事實，從一開始就保證了我不可能獲選。

好吧，也許我不是完全不知道，而是更接近深刻、非常深刻地否認。我一直都被警告視力可能會是一個問題，但我認為自己可以找到簡單的解決方法。一九四〇年代，醫師開始將隱形眼鏡作為處方時，他們發明的第一批鏡片不是我們現在使用的精緻柔軟鏡片，而是更接近一塊堅硬的玻璃或塑膠。那個時候的醫師發現，人們配戴那種堅硬玻璃晶片一陣子之後，可能會在某一天起床時，發現自己可以在沒有使用任何輔助器具的情況下，看得非常清楚。我做了一些研究，了解到眼球本身就是一個透鏡。光線射入，穿過透鏡之後會折射，接觸眼睛後方的視網膜。如果光線用正確的角度接觸視網膜，你就會有20／20的視力。倘若光線並未正確接觸視網膜，你就會是遠視或近視，於是你配戴眼鏡或隱形眼鏡，把光線折射為正確的角度，讓你看得清楚。當時那種堅硬的鏡片，用途是重新塑造你的角膜——基本上是讓你的眼球變得平坦以折射光線，讓你可以看得更清楚。問題是，只要你脫下眼鏡，幾天之後，你的眼球就會恢復原本的形狀。但據說只要你願意堅持配戴，你的眼睛至少可以在短暫的時間之內，即使沒有眼鏡或隱形眼鏡的協助，也能看得更清楚。這種使用硬式鏡片重新塑造眼睛的過程，被稱為角膜塑型術（Orthokeratology）。

當我第一次申請航太總署的太空人計畫時，我找到一位專長為角膜塑型術的眼科醫師。他開立了這種硬式鏡片，我的視力也變得更好。即使脫下眼鏡，我的眼睛甚至可以保持數天的良好狀態。「問題解決了。」我告訴自己。但情況並非如此，問題並未真正地解決，至少不是依照航太總署的標準。我只是讓自己相信我已經找到了一個簡單的解決方法，因為我太害怕面對事實，擔心視力問題會讓我的夢想永遠消失。

在航太總署面試的那個星期，接受所有的心理和醫學檢驗時，我潛意識希望身上有除了眼睛之外的問題，某些超過我控制範圍之外的問題，而且是徹底嚴重的問題，能夠讓我舉起雙手說：「好吧，這就是人生，我無能為力。」但我運氣不好。我的身體毫無瑕疵。我的器官很健康。我的「後面」也非常好。我的聽力完美。我的心理測驗也有很好的結果：百分之百正常。我已經符合並且通過這個工作的每個醫學檢驗標準，除了一個項目：我的眼睛。他們沒有辦法將我的視力矯正為20／20，我的裸視視力未達標準，加上角膜塑型片使我的眼球變平——全部都是失去資格的原因。

「由於這些檢驗結果，」飛行醫師告訴我，「你甚至沒有機會被列入考量。你在醫學上不符資格。」他的話語懸在空氣中，「在醫學上不符資格」不是「資格不足」或「需要更多經驗」，而是在生理上和基因上不適合擔任太空人。我的申請資料夾被蓋上一個巨大的紅色「不符資格」，我失敗了。遊戲結束了。

一旦航太總署知道你在醫學上不符合太空人計畫的要求，他們就不會考慮你，甚至不會審查你的申請。我可以在機器領域中提出偉大的發現，或者在工程領域完成非常傑出的成績，但航太總署甚至不會花一秒鐘審查我的申請。我被徹底擊倒。到那個時候，已經過了十年——我用了人生中的十年時間追求這個目標。我不知道應該要覺得憤怒、悲傷、挫折，或者任何情緒。我的全身都麻木了。百萬分之一的機會，實際上已經變成〇了……至少表面上是如此。

我收到消息之後，聯絡了太空人遴選辦公室的主管杜安．羅斯（Duane Ross），我詢問他，我能不能過去找他談談，但最後的結果只是讓我的心情變得更糟糕。我還是想知道有沒有任何事情，任何事情都可以，是我能夠做的。從太空梭計畫開始以來，杜安一直負責管理太空人遴選。他是最溫暖而且和藹可親的人，臉上永遠帶著笑容。他請我過去，我們坐下談談。他的態度已經沒有辦法更友善了。他說：「麥克，我只想讓你知道，收到醫學檢驗報告之後，我們所有人都很失望。我不能說我們一定會選你，但我可以告訴你，你確實是我們正在討論的人選之一。也許，假設你這次沒有入選，可能也會在往後的遴選中成功。」

聽見他的說法讓我心碎。他們對我有興趣。我就快要成功了，成功就在我的眼前。我也聯絡了評選委員會的其他太空人，詢問他們是否也願意給我一些意見。他們全都花時間和我談談，而且沒有一個人說：「嘿，這件事情不值得你繼續努力，祝你以後好運。」倘若他們這麼說，我可能就會放棄。但是他們沒有。每個人都私下告訴我：「你知道嗎？如果你可以處理眼睛的問題，你真的應該再嘗試一次。」

在那個時刻，我決定了，如果我要被拒絕，我希望能夠被徹底拒絕。我不想要聽見「我們也希望可以選你」。經歷了我投入的一切、我做的所有努力，我知道不能讓自己放棄努力。我只需要做到一件事情：我必須學習如何看得更清楚。

星期一早上，我回到麥克唐納．道格拉斯航太公司的工作崗位，在公司大廳遇到我的老闆，前航太總署太空人羅伯特．「鮑伯」．歐沃邁爾（Robert "Bob" Overmyer）[1]。

「結果怎麼樣？」他問。

「我在醫學上不符資格。」

「視力問題，對嗎？」他一邊說，一邊搖頭。身為前海軍陸戰隊的測試飛行員，鮑伯太了解視力測驗了。從天上有飛機開始，飛行員和太空人都對視力測驗避之唯恐不及。現在的視力檢查標準已經改變了，但在過去，飛行員願意做任何詭異的事情，來通過視力檢查。因為你可能是全世界最傑出且最符合資格的飛行員，卻因為視力測驗這種百分之百超過你控制能力之外的規則而無法飛行。

「多年來，我都在對抗視力測驗。」鮑伯說，「你知道我以前怎麼應對嗎？我讓自己脫水。我總是把視力測驗安排在星期一早上，周末時，我滴水不

1 譯註：在太空人的傳統中，每位太空人都會有綽號，有些人的綽號是依循傳統的美語慣例，例如羅伯特（Robert）的外號是鮑伯，本書作者的綽號為馬斯（Mass），有些太空人的外號則是因為個人的特質或者在太空人生涯中的趣聞。譯者在本書提到的人名將會依照慣例，將綽號放在中間，供讀者參考。

沾。我還會瘋狂地跑步，把所有水分排出體外。用這個方法，你能夠讓眼球變得乾燥而且更為堅硬，可以更好地折射光線。」

「好的。」我說，「很合理。我會試試看。」

「很好。不要放棄。你一定還有機會，可能再度面對視力檢查。」

同一天下午，我前往詹森太空中心，遇見其中一位太空人凱文・克雷格爾（Kevin Kregel），他曾經是一位空軍測試飛行員。我告訴他事情的經過。

「可惡的視力檢查。」他說，「視力檢查每次都會害死人。但你知道該怎麼做，對嗎？」

「我該怎麼做？」

「喝很多水。盡可能地喝水，持續好幾天。進行視力檢查的那天早上，不要上廁所。水分可以讓你的眼球變得更黏稠，就能夠更好地折射光線。」

「沒問題，我會試試看。」

知道其他人也完全沒有頭緒應該怎麼處理，其實讓我的心情變得比較好。鮑伯和凱文都曾經面對相同的困難，而且成功克服。這件事情也讓我有了希望。

尋找出路時，我得到的最佳建議來自鄰居史帝夫・史密斯（Steve Smith），他也是一位太空人。「你必須用看待工程計畫的方式理解這個問題。」他說：「盡力蒐集所有的資訊和數據，找出解決方法。」他說的沒錯。我一直都沒有用正確的方式處理這個問題，我已經兩年沒有去看眼科醫師。我一直都在哄騙自己相信角膜塑型術是簡單的解決方法，但這麼做其實只是讓我避免面對自己的恐懼。如果我過去可以更直率提問，就可以更清楚地知道航太總署對於角膜塑型術的立場，但我太過於害怕，完全不敢提出關於眼睛的問題。我以為自己可以小心翼翼地回避這個問題，但我真正需要的，其實是正面迎戰：承認我需要幫助，而且尋求幫助。

我做的第一件事情是放棄角膜塑型片，讓我的眼球可以復原，回到自然的狀態。其次，根據史帝夫・史密斯的建議，我拿出工程師的態度，著手處理這個問題。我的研究結果最後導向了一種訓練計畫，叫做視覺訓練（Vision Training），你能夠藉此訓練眼部和大腦放鬆，讓視覺的焦點超過你正在觀看的物體，所以該物體本身會變得更清晰——你確實可以學會如何看得更清楚，只是需要時間。

在接下來的七個月，我只有一個目標：修好我的眼睛。我找到並且預約了一位驗光師，她的專長是視覺訓練，名字是戴絲瑞・霍平（Desiree Hopping）。第一次看診時，她走進診療室，我坐在檢驗椅上，她給我一個非常好奇的表情。

「你來這裡接受視覺訓練？」她問。

「沒錯！」我熱情地回答，「有什麼問題嗎？」

當時，她告訴我，她通常只會協助小孩，因為小孩的視力還在發育。她不確定視覺訓練對於成人是否有效果。我向她保證，我可以表現得幼稚到讓她看不出我和任何一個十歲小孩的區別。我求她幫助我，她同意了。

她做的第一件事情是給我一副新的眼鏡，使用未矯正度數的鏡片，這種眼鏡可以讓我的眼睛一整天都要更用力，讓眼球肌肉變得更為強壯。接著，她要求我進行一系列的練習。其中一個練習是我必須盯著一條繩子上面以不同間隔放置的彈珠，將焦點從其中一個彈珠移動至另外一個彈珠。隨後，我必須盯著不同距離的視力檢查表，訓練我的眼睛對焦在視力檢查表後方的一個想像點，讓視力檢查表上的字母變得更為銳利清晰。所有的練習都需要非常專注集中。

我必須連續幾分鐘保持凝視，不能眨眼。我看起來就像我祖母正在狠狠瞪著你。我每天都會到辦公室處理太空計畫的機器研究。下班之後，我回家與家人吃晚餐、哄女兒上床睡覺，熬夜進行視力訓練。但視力訓練真的有效，我每兩個星期就會回去看霍平醫師，檢查我的眼睛，我的眼睛一點一點地變好了。

你的努力會有所回報

等到我的兒子在一九九五年七月出生時，我的人生徹底改變。我接受了一個工作機會，到亞特蘭大的喬治亞理工學院任教。幾乎在我們打包、準備移動至美國東岸的同一時間，航太總署宣布他們即將開始招募下一個梯次的太空人，比預定的時間提前了一年。我將眼科醫師的報告放入申請表，報告中詳細地描述我的視力訓練進度，希望能夠推翻醫學上不符資格的判定。到了同年九月，我正在打開送到亞特蘭大的搬家行李時，接到太空人遴選辦公室的特蕾莎・高梅茲（Teresa Gomez）來電，她請我搭飛機回休士頓。她說，他們正在評估申請書，而我的申請被放在「好名單」中。飛行醫師認為我的眼睛已經有足夠程度的改善，他們願意讓我回去再嘗試一次。但有一個條件：我必須自費飛回休士頓，只做視力檢查，才能正式推翻醫學上不符資格的判定。如果我通過檢查，就會重返競爭行列。倘若我失敗了，我的好運就到此為止。

因此，我在十月的第一個星期飛回休士頓接受視力檢查。航太總署的驗光師測量了我的眼球，眼球很健康。他將我的視力修正為20／20，情況很好。隨後，他測試在沒有輔助器具的情況下，我的視力靈敏度。我使用了視力訓練的技巧，成功通過，讓我重返合格的競爭人選行列。我搭機飛回亞特蘭大，教書兩個星期之後，再度飛到休士頓。我接受體檢、心理測驗、超音波檢驗，以及讓攝影機進入我的「後面」，所有檢驗都合格了。但是，還是有一百萬個理由可能導致我不能獲選。我現在要面對跟上一次完全不同的競爭對手，航太總署可能已經在去年聘請一位更傑出的機械專家。但我樂觀看待自己的成功機會。

大約在周間，我順道去找瑞納．艾芬豪瑟（Rainer Effenhauser）閒聊，他是負責監督這個申請人團體的飛行醫師。我離開的時候，他說：「我們明天視力檢查時見。」

我不確定自己是不是聽錯了。「視力檢查？」我問，「我已經通過視力檢查了。」

「沒錯，不過那是三個星期之前了。」他說，「情況可能會改變。我們必須在遴選期間完成視力檢查。」

我的心一沉。「但我才剛剛做完視力檢查。」

「不、不、不。」他說，「那不是正式的視力檢查。很抱歉，麥克。我們必須這麼做。」

我無法相信。這件事情就像一拳打在肚子上。但情況就是如此，你必須做應該做的事情。隔天下午，我回到飛行醫師的診療室，再次讓自己經歷最後一次的痛苦磨難。我坐在驗光師旁邊，辛苦地完成所有的視力測驗。完成之後，他讓我觀看測驗結果。

「恭喜你，麥克。」他說，「你成功了，祝你好運。」

我坐在那裡，驚訝不已。隔天，我回到瑞納・艾芬豪瑟的辦公室，了解其他檢驗的結果。「其他結果都很好。」他說，「你現在可以離開了。在任何人有機會發現你身上有什麼問題之前，快點離開。」

那天，我並非走出那間辦公室，而是用飛的。我就像在空中行走。整件事情看起來似乎是不可能的，太瘋狂了，但確實成功了。真的成功了！這是一個奇蹟。讓你的眼睛能夠比平常看得更清楚，幾乎是不可能的事情。這件事情證明了人生中沒有任何困難是無法克服的——百萬分之一不是〇。六個月之後，我接到航太總署的「好消息」電話——我進入一九九六年梯次的太空人訓練班了！

在我的眼睛問題、再度申請太空人計畫，以及反覆接受視力測試的種種瘋狂混亂之中，有一個時刻，我永遠不會忘記。航太總署打電話要我回去休士頓之前，就在我剛抵達亞特蘭大，準備開始在喬治亞理工學院執教時，我在工程學院遇見了一位新同仁。他和我一樣曾經申請成為太空人，也進入到面試階段，最後被淘汰了。聽完我的悲傷故事之後，他非常親切地邀請我和家人到他家烤肉。

那天下午見面時，我慢慢地了解到這位同事有多麼了不起。他的年紀與我相仿，但已經擁有非常傑出的教學紀錄與研究計畫，也穩健地踏上追求終生職的道路，代表他在教職生涯上大幅領先我。他的房子很漂亮，家庭美滿，看起來就像一位很棒的朋友。老實說，我對他有些敬畏。顯然，如果航太總署拒絕了這個人，他們根本不可能接受我。

他翻著漢堡肉的時候，我還是問了那個不可避免的問題：「所以，你覺得你還會再申請一次嗎？」

他停頓了一下，放下漢堡煎鏟，轉身看著我。

「不，我不會申請了。」他說。

「為什麼不？」

「嗯，他們已經拒絕我一次了。」他說，「我想他們只會再度拒絕我。」

他的回答動搖了我的內心深處。我非常震驚，立刻明白他已經放棄了，代表他的機會從百萬分之一變成〇。我非常確定他基於正確的理由做出這個決定。從事學術生涯而不是成為一位太空人，這並非不好的選擇。但對我來說，我無法想像在如此接近之後，決定放棄自己的夢想。

時至今日，我將自己當初必須克服的所有困難告訴人們時，他們通常會問：「你為什麼願意繼續努力？你為什麼不放棄？」我的答案是，我永遠無法想像放棄自己的夢想，我沒有辦法和其他曾經申請航太總署的人一樣，他們被拒絕之後，認為遭到拒絕太過於痛苦，所以不願意繼續嘗試。我希望人們記得百萬分之一不是〇，**只要你願意嘗試，永遠都會有機會**。但是，只要你放棄，你就可以清楚地知道結果。

☾ ☾ ☾

這個規則幾乎可以套用於所有事情。自從離開航太總署，轉向教育和媒體的世界之後，我與幾位電視影集的製作人和編劇結為好友，其中包括比爾·普拉迪（Bill Prady），他是熱門電視喜劇影集《宅男行不行》的創作人。最近，比爾和我，還有另外一位成功的電視編劇決定向幾間製作工作室提案一部與太空有關的喜劇，其中一間工作室邀請我們撰寫試播集的劇本（Pilot Script，正式上映之前的試播集，用於評估觀眾反應）。我非常高興。我們開始著手撰寫劇本，投入了數個月的時間。但那間工作室讀過劇本之後，決定放棄。我很失望，但我的經紀人告訴我，在一千部提案的電視節目中，大約有一百部可以獲得撰寫試播集劇本的機會；在一百部試播集劇本中，大約只有十部劇本可以製作為實際的電視試播集；在十個電視試播集中，只有一個會成功製作為一整季的影集。

大多數的人聽到這件事情，都會認為「那是不可能的」。但我知道並非如此。我知道千分之一的機會實際上遠遠高過於百萬分之一。所以我和寫作夥伴坐下來，攜手合作讓劇本變得更好。我們還沒成功賣出劇本，但我們不會停止努力。因為，無論你想要的是撰寫一部電視劇、上太空、追求工作上的升職，還是組裝IKEA的家具，無論機率何其渺茫，永遠都有成功的機會。完全失敗的唯一方法，就是停止努力。**成功的人不是永遠不會失敗的人，成功的人是永遠不會讓失敗阻止他們的人**。

也請記得追求夢想能夠導向美好的結果，即使這個結果不符合你原本的計畫。如果我從未被選為太空人，我還是會從一路上的努力中獲益良多。我所累積的教育知識和經驗，能夠引領我獲得美好的職涯與人生，即使那個生活不是成為太空人。除此之外，我也能很清楚地知道，我努力去實現夢想，而無法圓夢的唯一理由是我無法控制的原因。我不必活在放棄帶來的悔恨之中。

所以，如果你覺得自己的夢想遙不可及，如果你覺得全世界都在和你作對、你沒有任何希望，請記得，百萬分之一不是〇，並且問自己以下的問題：

★我竭盡所有努力了嗎？

★如果我現在放棄，並且清楚明白，我永遠無法得知若自己繼續努力可能會有什麼結果，十年之後，我會有什麼感覺？二十年之後呢？五十年之後呢？

★就算我沒有成功達成目標，為了目標而付出的努力，能不能讓我比現在更好，無論結果是什麼？

★如果不繼續努力嘗試，我是不是浪費了自己的天賦與才能？

★我想為他人樹立何種榜樣：放棄，或者克服所有阻礙，追求成功？

★我是否出於正當的理由放棄？是因為我面臨自己無法控制的因素，或者，我只是害怕失敗？

★若我是因為正確的理由放棄這個夢想，那麼我將會轉而追求何種夢想呢？

請記得，只要你努力，永遠都會有微小的成功機會，你有義務讓自己的夢想有機會實現。

Chapter 2

直到所有人通過考驗

你無法孤軍奮戰。你必須以團隊的方式成功或失敗。

接到航太總署的電話，知道我已經被選為太空人之後的那幾天，我在家裡無止盡地來回踱步，興奮和期待使我頭暈目眩，我不停望著窗外，想看看郵差是否已經完成日常的投遞工作。我很清楚自己所等待的那個包裹，將是我終生追求太空之旅的下一個美妙步伐。

包裹終於來了。某天接近中午的時候，我看見郵差之後，立刻跑到路上、打開信箱，取出一個來自詹森太空中心的碩大牛皮信封。我立刻在人行道上撕開信封，心裡想著：「太好了，我簡直不敢相信。」信封裡面有一個資料夾，歡迎我加入航太總署一九九六年梯次的太空人訓練班。附信的開頭是一段充滿讚美的恭賀詞，表達他們非常興奮地歡迎我加入，我的臉上因此浮現大大的笑容。但我讀到第二段時，笑容立刻消失了。第二段的內容是一個警示，「請在抵達休士頓之前訓練您的游泳技巧。因為您必須通過游泳測驗，才能前往佛羅里達的彭薩科拉（該處設有海軍航空基地）與美國海軍進行水中生存訓練。」

我簡直無法相信。經過多年的深度訪談、入侵式的醫學檢查，以及用所有能夠想到的方法進行最周全嚴格的背景調查之後，在申請過程中，從來沒有任何一個人想到要停下來問我：「你會游泳嗎？」因為如果他們真的問我，我的答案會是：「呃……我其實不會。」

我只能猜測，這種問題從來沒有出現，單純是因為航太總署假設特定的生活技能，例如騎車或者做烤起司三明治，都是如此基礎且必要，所以任何一位有競爭力、功能健全的成人必定早已精通相關技巧。但我尚未精通游泳，我完全不會游泳。

雖然我在長島長大，一輩子都被海水圍繞，但我討厭游泳。住在美國的遠北區域，無論夏天多熱，水永遠都是冰冷的。至少，對我來說很冷。我以前是一個身材纖細的孩子，簡直就是完全沒有脂肪的人形骷髏，所以我總是在泳池裡面顫抖。我不喜歡把頭沉入水中，那讓我感覺無法呼吸，我也不喜歡眼睛碰到氯。必須參加泳池派對的時候，我只會在泳池比較淺的那一端走來走去，保持頭部乾燥，假裝我很享受。

等到我開始學習游泳時，時機已經太遲了。小孩在學步階段時就應該開始學習游泳，在他們懂得夠多、到足以對水產生恐懼之前。在我十歲之前，我的母親一直沒有找到機會強迫我學習游泳。在一九七〇年代初期的工人階級義大利裔美國人之中，游泳和露營一樣，都不屬於他們的文化。我們不喜歡露營，因為「露營」就像一百五十年前，我們在西西里的生活方式——在漏水的石屋之中得過且過。我們已經受夠了。我們現在過著文明生活。我們來到美國，是為了住在室內、享受空調。如果我們必須穿過水域，我們會走橋梁或隧道。

當然，游泳還有一些關於安全層面的考量。你必須知道如何游泳，才能避免溺水或者被鯊魚吃掉。我猜想，母親就是因為這個理由，終於決定強迫我學習游泳。但到了那個時候，我的心意已決。我討厭游泳，而且我就是沒有辦法游泳。除此之外，我知道有一個更好的方法可以保持水中安全——避免入水！這就是我的方法。只要有機會，我都會避免接觸水。

長久以來，即使我已經有了孩子，而他們開始學習游泳，我還是會與水保持距離。讓我的眼睛看得更清楚，是獲選成為太空人路上的一大挑戰；但如今，我非常討厭而且終生逃避的事情，已經成為我和太空飛行夢想之間的新阻礙。我們的訓練內容要求我們駕駛高性能的噴射飛機T－38，上頭裝載了彈射座椅和降落傘。如果我們在水域上方進行緊急彈射，必須知道如何在水中生存，等待救援部隊前來拯救我們。此外，太空梭也有緊急逃脫系統，讓隊員能夠在海上逃出太空梭。想要有資格駕駛T－38噴射機或者登上太空梭，所有的太空人候選者都要完成水中生存訓練，這也表示每位太空人候選者都必須完成游泳測驗，沒有任何逃避的方法。

如果必須接受游泳測驗的事實還不夠令人氣餒，我接下來閱讀游泳測驗的內容更是雪上加霜。首先，計時長距離游泳，必須使用蛙式、仰式及側泳——這三種游泳方式被統稱為「生存泳式」，因為這種游泳方式能夠讓你的眼睛遠離可能漂浮燃燒的意外事故碎片，無論何種意外導致你必須降落在水中；第二，防止溺水，拱起背部在水中漂浮，只讓嘴部露出水面，吸入一口空氣，讓肺部充滿空氣，所以你能夠在水中漂浮更長的時間；第三，救生，拉著一位失去行動能力的同學，就像拉著一袋馬鈴薯，穿過水域，前往安全地點。

最後，等到每個人都精疲力竭時，則是進行踩水訓練。踩水訓練分為三個計時階段。在第一階段，你可以使用雙腳和雙手；在第二階段，你只能夠使用雙腿；到了第三階段，你必須將雙手保持在水面上，直到哨聲響起。你必須穿著完整的飛行裝備、頭盔，以及靴子（鋼底靴子），完成一系列的測驗。所有的步驟必須接連完成，不能離水——如果你在其中任何一個階段失敗，你必須回到起點，全部重新開始。

祝我好運。

我關上信箱，回到屋內。在隨後的幾天，胃部翻攪的恐懼感緩慢地轉變為一種堅毅的決心，無論如何，我都要通過這個考驗。我明白自己擔心的，其實不是失去資格以及被踢出太空人訓練班，我知道自己最後一定會找到方法通過。但我更害怕讓自己丟臉。我知道太空人訓練班裡面一定充滿了運動能力超群的測試飛行員與軍人。我不希望他們看著我的時候，覺得我是一個學院裡面的蛋頭書呆子，像個笨蛋在水池裡面漂浮。但我當時會有這種恐懼，是因為我還不曉得航太總署的文化。我還不知道那些運動能力超群的軍人兄弟並不會在水池裡面批評我，他們只會在那裡協助我。

許多時候，成功需要團隊合作

等到那年秋天，我向航太總署報到時，我依然不是一位傑出的游泳者，但我已經比收到錄取通知時更好。春季學期結束時，我用六月、七月及八月的所有時間，將孩子帶到當地的游泳池。我的女兒蓋比三歲，我的兒子丹尼爾一歲，他們的游泳能力已經比我更優秀。但我每天都會到游泳池，練習、練習、再練習，我在水中漂浮，八歲和九歲的孩子們在我周圍游泳，郊區的所有家長只是盯著我這個方向，好像在說：「怪人，你到底在這裡做什麼？」

我們回到休士頓時，我的心情已經比較好了，但我很確定地知道一件事：我還不是一位太空人。還差得遠。幾個月之前收到的包裹已經非常明確地讓我知道，我和我的同學們只是「太空人候選者」（Astronaut Candidates）。或者，正如太空人老將們用的縮寫「ASCANS」。一九九六年的太空人訓練班是航太總署選出的第十六批太空人團隊，一共有四十四位成員，史上最多。我們這個班級的綽號是「沙丁魚」（The Sardines），因為我們將會擠入位於詹森太空中心大樓的辦公室。唯有成功完成兩年的訓練之後，我們才會獲得令人夢寐以求的「太空人」職稱。

我在航太總署的第一個星期，就像你在任何工作的第一個星期：在人力資源處填寫許多關於健康保險計畫、退休計畫、子女保險計畫，以及其他所有文件。不過，我們還可以見到尼爾．阿姆斯壯，這件事就不是地球上其他任何一種工作第一周會有的。後來，到了星期五，我們全都準備回家過周末時，班級導師傑夫．阿許比（Jeffrey "Jeff" Ashby）走到教室前說了幾句話。傑夫是一位經驗老道的海軍測試飛行員，軍階為中校。他是前一批太空人訓練班的候選人，那個班級的綽號是「蛞蝓」（The Slugs，他們自稱為「飛行的食用蝸牛」）。在航太總署的短暫訓練期間，傑夫展現了非常卓越的領導能力，所以被指派指導我們進行訓練計畫。

「聽好了。」傑夫說，「在我們全部回家過周末之前，我希望提醒每個人，你們的訓練會在下個星期立刻開始，我們的第一個重大事件是游泳測驗。」

「認真嗎？」我心想，「我們不能做其他的事情嗎？數學考試怎麼樣？還是物理測驗？我們一定要從游泳測驗開始嗎？」

抵達休士頓之後的快樂喜悅，迅速變質為末日即將降臨的悲涼。隨後，傑夫繼續要求班上的同學舉手。「誰是這個團體裡面最強的游泳者？」他問。我們班上有幾位海軍核可的潛水者，另外幾位則是頂尖的游泳選手。他們所有人都舉手了。隨後傑夫問了第二個問題：「好了，更重要的是，誰是這個團體裡面最弱的游泳者？不要說謊。我需要知道事實。」我羞怯地舉手，還有其他幾位也是學術研究類型的同學，包括我的新好友查理．卡瑪爾達（Charles "Charlie" Camarda），他和我一樣，在紐約市長大，從來不曾接觸水域。

傑夫繼續說道，班上沒有舉手的同學已經可以回家了。但曾經舉手的人，也就是最強與最弱的游泳者，下課之後必須留下來，安排周末的時間在泳池碰面。厲害的游泳者必須幫助弱的游泳者。「因為我們在星期一進行游泳測驗時，」傑夫說，「直到每個人都通過考驗，否則沒有人可以離開水池。」

我在此時此刻明白自己進入了一個嶄新的世界。在美國，從我們在小學獲得象徵獎勵的小星星開始，我們就會根據個人功績衡量自我。雖然獎勵個人成功確實有其重要性，但個人成功太過於頻繁地獲得極端的重視，會因此傷害了任何類型的團隊合作與集體行動。在我過去從事的所有工作中，幾乎都是如此。這種情況創造了一種狗咬狗的損人利己世界，每個人都想要獲得自己的成功，沒有人真正地信任其他人。這種情況還會自我強化，因為如果你覺得沒有人關心照顧你，那你當然別無選擇，只能自己照顧自己。

傑夫宣布游泳測驗時，我立刻明白了，**在這個世界真正重要的是，我們**

可以用團隊的方式達到何種成就。在航太總署，就像在軍隊，你的生命仰賴於身旁同袍的生命，所以不會有這種極端個人主義。你還是會受到單獨評判，你依然會有個人表現的評估和專業能力的評價，但評判的標準是你對於團隊的貢獻。也許你可以在下個星期一時成為美國傳奇游泳名將麥可・菲爾普斯（Michael Phelps），於游泳測驗中創下世界紀錄，但只要你有一位同學失敗，你也會不合格。或者，以我個人的情況來說，倘若你是未通過游泳測驗的隊員，你就是全隊不合格的原因。現在，我感受到一種完全不同的壓力。我不再擔心讓自己丟臉，而是我不想成為妨礙全班的那個人，這件事情形成了完全不同的動力。

星期六上午，班上最厲害的游泳者以及「在水中有困難的同學」，在同學佩姬・懷特森（Peggy Whitson）家中後院的泳池集合。我們練習的情況很棒，海軍潛水員海蒂・派普（Heidi Piper）將她職業生涯中有幫助的訣竅傳授給我。皮爾斯・賽勒斯（Piers Sellers）是一位來自英格蘭的地球科學博士，他也向我展現他當初如何學會一種簡單的方法，用小男孩橫渡池塘的方式游蛙式。從進入水中的那一刻開始，我並未從他們身上感受到任何批評或傲慢。弱者並不是妨礙強者的負擔。他們必須用周末的時間幫助我們，這並非是一種「不公平」的要求。我們只有一種感覺：同舟共濟，所有人都必須協助彼此成功。

星期一上午，「沙丁魚班」全員集結，一起前往清湖休閒中心（Clear Lake Recreation Center）的泳池。清湖休閒中心是當地的一間室內游泳池，航太總署租賃此處，舉行詹森太空中心無法進行的數個訓練課程。於更衣室著裝之後，我們所有人都全副武裝抵達泳池邊緣：飛行衣、頭盔及靴子。我還是有點緊張，但我知道自己並不孤單，這個事實緩和了所有焦慮。很快地，我的內心已經不再充滿恐懼。我其實覺得很好玩，我從來不曾想過會有這種心情。有四十三個隊友支持著我，直到每個人都通過測驗，否則我們不會離開泳池。

泳池四周也洋溢著強烈的同袍情誼。我有一位來自美國海軍陸戰隊的新朋友查爾斯·「灼熱」·霍伯（Charles "Scorch" Hobaugh），他過去曾經接受過這種測驗。他到處鼓勵每個人，建立良好的團隊精神。我們還有麥克·「小搗蛋」·芬克（Mike "Spanky" Fincke），他是班上最年輕的太空人候選者，所以他的外號是小搗蛋。麥克是一位空軍軍人，雖然出身於軍隊，但他的游泳能力可能比我還糟糕。但麥克有一個很棒的優點，他對於這件事有特別的幽默感。「我們什麼時候會開始進入溺水測試？」他問教官。麥克能夠如此輕鬆看待自己的掙扎，也幫助我放輕鬆面對我的問題。

我們所有人都要下水，進行不同的測驗項目。第一個是長距離的生存游泳，隨後是救援游泳、防止溺水，以及等到我們最後因為測驗項目而精疲力竭時進行的踩水測驗。對於我和其他少數幾位同學來說，踩水測驗才是真正的難關。踩水測驗非常殘酷，而且是對耐力的考驗，我覺得彷彿永遠不會結束。當他們吹哨，要我們開始最後的第三階段踩水測驗：必須將雙手高舉在水面上方時，我已經毫無力氣，只能勉強撐住。我知道如果自己的雙手落入水中，即使只是一秒鐘，我都必須從頭來過，再度進行所有測驗內容，而泳池裡面的所有同學都要等我。我拚命努力踩水，將雙手保持在空中，四處尋找麥克．芬克。我告訴自己，如果麥克可以繼續，我也能夠繼續。但我伸長脖子到處尋找，完全看不到他。後來，我終於找到他了，但不是他的人，而是他的雙手。麥克已經沒有足夠的體力將頭部保持在水面上方——纖細的人沒有自然的浮力——但是他在水面下屏息，努力地踢動雙腿，保持十根手指的乾燥。他們的要求只有將雙手保持在空中，我的天啊，麥克絕對不會讓他的雙手落入水中。在這個時候，我終於明白這個團隊成員的決心何其堅強。

最後，每個人都通過游泳測驗。我們所有人都是贏家，我們以團隊的方式獲勝。

更重要的是，共同承擔錯誤

在往後幾年，我才明白以團隊的方式獲勝，只是這個故事其中一部分的意義。或許，**更重要的是學習如何以團隊的方式失敗**。勝利很簡單，勝利只會伴隨擊掌與祝賀。但如果事與願違，你們輸了，又該如何是好？你們會讓某個人頂罪，或者你們會團結齊心，以團隊的方式承擔責任？在我的職業生涯中，曾經有少數幾次在休士頓擔任飛行任務的支援隊員時，見證了太空軌道上的隊員犯錯。隊員回到詹森太空中心，向太空人辦公室進行任務匯報時，我就會思考相關的問題應該如何解決。其中一次飛行任務意外很明顯是一位特定隊員的錯誤，我擔心那次的失誤可能會影響他的太空人生涯。但在匯報期間，所有隊員都從自己的觀點表達事發經過，他們共同承擔責任。藉由這個方法——以團隊方式承擔所有錯誤——沒有任何一名隊員必須獨自承擔。他們得以學習到寶貴的經驗，沒有任何人的職業生涯受到負面影響。但是，如果隊員無法團結齊心，就會產生非常不同的結果——那就是某位太空人的職業生涯將會蒙上一個汙點。

我的第二次太空飛行任務是STS-125，這是航太總署在太空梭計畫永久關閉之前，嘗試維修哈伯天文望遠鏡的背水一戰。哥倫比亞號（Columbia）太空梭在重返地球時爆炸，導致我們失去七位太空人，在這起事件的餘波蕩漾中，STS-125任務被視為高風險計畫。在飛行之前的最後一次記者會上，我們被詢問對於任務成功或失敗機率的想法。我的朋友兼太空漫步夥伴麥克・「布艾諾」・古德（Mike "Bueno" Good）[2]抓住麥克風。他說，無論眼前出現什麼，我們都會以團隊的方式一起面對。我們會一起成功，或者一起失敗。

古德的話語很快就受到了考驗。在那次任務的每一次太空漫步，哈伯望遠鏡似乎都要給我們意想不到的挑戰，包括在最後一次太空漫步的尾聲。我在太空梭內部觀察酬載艙（Payload Bay）、核對檢查清單，同時留意兩位在太空梭外的太空漫步者，約翰．格倫斯菲爾德（John Grunsfeld）與德魯．費斯特爾（Drew Feustel）。約翰和德魯正要完成一段非常漫長且繁重的太空漫步。那是我們在五天之內的第五次太空漫步任務，我們最後將會創下單次太空梭飛行任務太空漫步總時間最長的團隊紀錄。完成漫長的工作列表之後，我們準備進行哈伯望遠鏡和酬載艙收尾工作，收下這次偉大的勝利。

約翰和德魯的最終工作之一，是拆除我們放在低增益天線（Low-Gain Antenna，LGA）上的保護蓋。低增益天線大約有三十公分長，形狀就像圓錐，用於處理工程數據，是兩個備用天線的其中之一。高增益天線是所有科學與工程數據的傳輸工具，所以兩個低增益天線雖然重要，但不是關鍵零件。低增益天線的細小尖端非常細緻，保護著天線零件。因此，在開始維修哈伯望遠

2 譯註：麥克．古德（Mike Good）的姓氏在英文中是「好」的意思，Bueno則是西班牙文中的「好」，這個綽號來自於古德的英文姓氏轉譯為西班牙姓氏。

鏡之前，我們在低增益天線尖端安裝了保護蓋，避免太空漫步者不慎碰撞。

現在，太空漫步正要進入尾聲，保護蓋已經拆除並且順利收納，約翰正在進行最後一次的檢查，只剩下幾分鐘的時間。這個任務在地球的夜晚時間進行，代表我們從軌道上運行至地球的黑暗面，遠離太陽，視線受限。作為太空漫步者以及太空飛行器內部的隊員，我們的其中一個工作就是照顧彼此（Watch One Another's Back），有時候是名副其實地看著彼此的背後。德魯正在看著約翰，但他也有自己要進行的任務。同時，我在太空梭的內部，從駕駛艙尾端的窗戶留意約翰。但是，正如德魯，我也需要盡力確認眼前的檢查清單。

相較於我們受訓時的準備，太空漫步任務的流程編排後來有了改變，哈伯望遠鏡轉入我們不熟悉的方向。這個情況導致低增益天線的位置不同於大多數訓練時的假設位置。當約翰沿著哈伯望遠鏡前進時，他的噴射背包非常靠近已經沒有保護蓋的低增益天線，情況很危險。但在為時已晚之前，我們沒人發現。我完全沒察覺，德魯直到最後一秒才看見。我聽見德魯大喊：「停！停！停！」我從檢查清單中抬頭，看看發生什麼事。但就在約翰的噴射背包打中低增益天線細緻的尖端，導致其中一小塊碎片穿過太空，朝著德魯飛去時，德魯用非常驚人的方式抓住了那塊零件。

我們三個人的心情一起降到了谷底。我們當下立刻知道沒有方法修復那個天線，傷害已經造成。約翰・格倫斯菲爾德之所以擔任這次任務的太空漫步領導者是有原因的。他不只是經驗最豐富的哈伯望遠鏡太空漫步者，也是我遇過在哈伯望遠鏡的所有領域中最博學的人：關於哈伯望遠鏡的構造、運作，以及哈伯望遠鏡對於天文和全世界的重要性。約翰已經完美地帶領我們完成訓練並且進行任務。我們的隊員達成所有的任務目標，超越了每個人的期待。我們戰勝了哈伯望遠鏡帶給我們的所有挑戰——現在卻發生這個意外。

我們向任務管控中心回報事發情況。他們迅速地進行天線傳輸測試，判斷那個天線依然運作良好，但我們應該將保護蓋裝回天線，避免往後小隕石撞擊受損區域導致更進一步的損壞。保護蓋可能會稍微降低天線的傳輸能力，但增益效果的實際改變非常微小，幾乎沒有任何顯著的影響。約翰將保護蓋裝回低增益天線，完成最後的清理，與德魯一起回到氣閘艙。

回到太空梭之後，我們開始討論事發經過。從約翰的聲音判斷，我知道他正在責備自己。但不是他的錯，也不是任何人的錯，而是整個團隊的錯。我們應該要做得更好，從一開始就避免這次意外。我們的腦袋後方不可能長出眼睛，德魯和我必須負責觀察約翰與低增益天線和其他障礙物之間的空間。如果我可以更留意，或許就可以推測約翰會碰到天線。我們不會讓任何一位隊員在任何一刻責備自己，不會有人成為代罪羔羊，時至今日，我都非常自豪我們的處理方式。勝利的時候很容易團結，但在挫敗的時候，你會如何表現，才是衡量隊伍與隊伍成員的真實指標。

那天晚上，我們接到太空人辦公室主任史帝夫．林賽（Steve Lindsey）的祝賀電話。在電話中，我們的指揮官史考特．歐特曼（Scott Altman）拿著麥克風，告訴史帝夫關於隊員當天完成的偉大成就。歐特曼也提到當天發生的失誤，並且表示那是所有人共同的責任。他清楚地解釋我們如何一起彌補錯誤，而在一連串太空漫步任務達成的偉大成就之後，哈伯望遠鏡的能力並未受損。「好的，我聽說天線的事情了。」史帝夫回答，「但那是小事，可能發生在任何人身上。你們所有人都做得很好。沒有必要繼續討論天線的問題。」

這件事情就此結束。

經常有人問我，我最想念身為太空人的什麼事情，我的答案永遠都一樣。不是身處太空，雖然身處太空非常酷。我最想念的是身為團隊的一分子。我現在在紐約市的哥倫比亞大學擔任教職。那是一間很棒的學府，我和許多很棒的人物一起工作。但在民間社會，我沒辦法找到任何事物，能夠與在航太總署這種地方感受的同袍情誼相提並論——令人遺憾。因為隨著一天一天過去，這個世界開始變得愈來愈複雜與相互依賴。我們眼前的細緻複雜科技景象，已經沒有辦法獨自探索。我們只能同心協力，依靠無論在順境或逆境之中都能夠團結的團隊，**在勝利時共同慶賀，在挫敗時支持彼此**。

我也經常被問到，航太總署在挑選太空人時，究竟看重什麼條件。你必須具備適合的能力，但許多人都有那些能力。真正難以尋覓的，其實是那些願意融入團隊合作文化的人物；願意將團隊和任務的成功放在個人壯志之前的人物；永遠不會在隊員掙扎落後且需要幫助時，放棄隊員的人物；隊伍之中有人犯錯或團隊承受挫敗時，願意支持團隊的人物。我認為，這些特質就是太空人必須擁有最重要的特質。事實上，這些也是任何產業中每個人應該擁有的特質。

我童年時期的美式足球英雄喬・拿馬斯（Joe Namath）曾說：「美式足球教導我明白，人生是一場團隊遊戲。」對我來說，成為太空人教導我明白的，也是相同的道理。在大四時重新點燃我太空人願望的電影《太空先鋒》中，有一個場景是約翰・葛倫（John Glenn）已經準備就緒，即將成為第一個繞行地球軌道的美國人，但發射任務取消了。同時間，當時的美國副總統林登・詹森（Lyndon Baines Johnson）正在葛倫住家之外等候，副總統要求帶著電視台工作人員進入屋子裡面，在全國電視上與葛倫的妻子安妮（Annie）對話。但安妮有口吃問題，她不想上電視。於是葛倫打電話告訴安妮，如果她想讓美國副總統吃閉門羹，也沒有關係。隨後你看到，航太總署的某些高層人員突然激烈地指責葛倫，要他不能用這種方式拒絕美國副總統。葛倫不肯退讓，航太總署的那個高層更威脅他，如果他不願意聽從指示，就會將他移出太空人的任務輪值順序，並且用其他人取代他。於是，水星計畫的其他太空人挺身而出，走到高層的面前，戴克・史雷頓（Deke Slayton）說：「哦，是嗎？你要用誰取代他？」史雷頓的意思是：「你們只有這裡的七名太空人，而我們全部都會支持葛倫。」那個高層只是驚訝地站在原地，最後艾倫・雪帕德（Al Shepard）對他說：「讓開吧，兄弟。」

那個時刻，對我來說，就像同袍精神的完全體現。那就是你對待隊友的方式。看著那部電影，我不只想要上太空，我想要成為那個團隊的一分子，隊員會永遠支持你，無論順境或逆境。那是一個成功團隊的真正特質，我認為那是有史以來最偉大的團隊——航太總署的太空人團隊以及讓任務得以成功的地面支援人員——我很榮幸能夠成為其中一分子。如果你希望自己的人生也有這種體驗，請記得：

★不要責備自己。美國熱愛讚美成功的個人、聰明的發明家，以及獨行的創業家。但是，孤獨天才的神話（Myth），其實只是一種迷思（Myth）。鮮少有偉大的事物是由一個人獨自完成。讓尼爾・阿姆斯壯成為踏上月球的第一人，需要數千位男男女女的共同努力，而尼爾總是大費周章地提醒人們記得這個事實（特別是阿波羅十一號任務的臂章，是航太總署歷史上唯一一個沒有列出太空人名字的臂章，因為尼爾和他的隊員希望臂章的設計能夠代表所有努力讓計畫成功的人們）。湯瑪斯．愛迪生（Thomas Alva Edison）的發明永遠都要仰賴實驗室同仁提出的觀念和突破；即使是莎士比亞（Shakespeare），都需要演員在舞臺上表現他的劇本。但大多數時候，我們只是坐著，用其他人的成就批評自己的失敗，卻沒有發現人類的偉大幾乎都是合作努力的成果。不要這麼做，不要責備自己。

★我們所有人都有缺點。找一個可以彌補你缺點的夥伴吧。如果你不擅長游泳，就找一位擅長游泳的夥伴，不要羞於承認你需要他們。當所有人都明白自己在哪些層面需要其他人的協助時，團隊就會變得更堅強。

★反過來說，無論你有什麼長處，一定要分享，不要吝嗇。強者幫助弱者不是一種不公平，因為我們全都可以在自己擅長的領域提供幫助，我們也都在自己弱小的領域需要幫助，最終一切其實是平衡的。

★永遠都要把功勞歸於團隊，因為你不需要功勞。做任何事情的主要理由，都是為了服務更偉大的目標。可能是為了妥善完成工作的滿足感、為了達成重大人生目標，甚至只是完成檢查清單上的一個工作時，所獲得的成就感。如果只是為了掌聲、希望變得有名，並獲得承認，就是錯誤的理由。當然，公眾的掌聲很棒，但你可以與團隊分享功勞，而仍然有足夠的功勞留給自己。你不僅可以得到榮譽，還會有許多願意支持你的朋友，那才是你應該追求的目標。

如果你擅長某個事物，請和有需要的人分享；如果你不擅長某個事物，不要害怕承認你需要幫助，並且接受其他人的幫助。從來沒有人希望承認自己的弱點，但是，建立團隊的重點之一，就是理解我們在哪些層面需要彼此，而團隊的成功才是最重要的。**只要團隊成功，你就會成功**。隨著我們所有人生活的世界愈來愈複雜，不可能獨自完成偉大的目標。在職涯與個人生活中，沒有任何人可以獨自經歷生命的冒險。找到自己的團隊，將人們聚集在身邊，並且抓緊他們。

Chapter 3

你必須直言不諱

當你發現錯誤，或者你犯錯了，務必讓其他人知道。

從阿波羅計畫的時代開始，當太空人計畫納入沒有軍事飛行經驗的平民時，航太總署要面對一個關鍵的問題，就是：「我們應該訓練飛行員成為科學家，還是訓練科學家成為太空飛行的機械操作員與副駕駛？」整體而言，航太總署決定兩路並進，所以像我這樣的平民太空人候選者，每個月都必須在軍方使用的高性能噴射飛機T-38後座中，累積數小時的太空飛行準備訓練。

這種觀念認為，如果在模擬器中學習飛行，你的內心深處知道，你永遠都可以全身而退。然而，如果你駕駛真正的飛機，將會遇到真正的危險，這讓你有機會學習如何在生死關頭情況進行操作，就像在太空中所面臨到的一樣。你要學習如何在飛行環境中合作，指揮飛行員在前方座艙駕駛飛機，平民任務專家在後方處理導航和無線電。你要學習如何與控制塔臺通訊，就像和任務管控中心通訊；你也學習如何處理真正的緊急狀況，其中有些緊急狀況將會威脅生命。

在T-38的訓練飛行中，前方駕駛座艙和後方座艙的人員經驗差距可能非常巨大，當然也是我前幾次飛行經驗的實際情況。我和我的同學吉姆·「維加斯」．凱利（Jim "Vegas" Kelly）[3]一起飛行。維加斯是一位空軍戰鬥機飛行員與測試飛行員，飛行時數累積超過三千八百小時，曾駕駛超過三十五架不同的飛機。相形之下，那天登上T－38後座時，我在任何類型高性能飛機的飛行經驗低於十個小時。

我們的飛行是一場短暫的來回旅程，從休士頓的艾靈頓基地（Ellington Field）前往聖安東尼奧外的拉克蘭空軍基地（Lackland Air Force Base）。維加斯希望累積一些夜間飛行的時數經驗，所以我們的計畫是在傍晚時出發，日落之後返回休士頓。前往聖安東尼奧的旅途很順利。維加斯很年輕，平易近人，而且非常有趣。他有一種高中美式足球隊長的振奮朝氣，隊友在球場上圍成一團時，他會跳進去，大喊著：「來吧，兄弟！我們可以的！」那天下午，他處於非常喜歡交流的狀態，分享他的知識和經驗，協助我成為更好的副駕駛。我們在拉克蘭基地降落，補充燃料、休息，準備飛回家。

3 譯註：這位太空人的全名是詹姆斯．凱利（James Kelly），吉姆是詹姆斯的小名，維加斯則是他在太空人團隊中的綽號，起源於凱利曾經在拉斯維加斯的空軍基地服役。

等到我們準備駕機滑行至跑道，已經是午夜時分，在夜間飛行永遠會變得更為艱難而且難以捉摸。就像夜間駕車，由於視線受限，你失去對環境的感知。作為副駕駛，我的其中一個責任就是聯絡塔臺，獲得起飛許可，其中包含的資訊有：我們攀升的高度、我們需要使用的無線電頻率，以及我們前進的方向，也就是我們在起飛之後應該朝向的羅盤方位。今天晚上，我們從塔臺獲得的起步方向指引是「在起飛之後，轉向三五〇方向」。我寫下這個指引，向控制人員複述一次，輸入至飛行電腦，讓維加斯可以遵循方向。

在那個時候，我們已經可以滑向跑道，但尚未獲得起飛許可。隨後，塔臺同意我們起飛時，他們提供新的方向。「起飛之後，」他們現在告訴我們，「轉向一七〇方向。」我向塔臺念出新的指引方向，確認之後再替維加斯輸入至飛行電腦。維加斯啟動後燃器，沿著跑道加速，我們達到「起飛」速度時，他拉起駕駛桿，抬起機鼻離地。我確認飛機的高度正在提高，向維加斯表示現在可以收起降落架。

飛機飛得愈來愈高，穿過夜空時，維加斯開始轉至指引方向。但他並未轉向至新的一七〇方向——他轉至原本的指引方向三五〇。我覺得很奇怪，但因為維加斯的技術嫻熟而且經驗豐富，而我只會勉強繫好座艙的安全帶，所以我什麼都沒說。我假設他知道自己正在做什麼，而我一定是弄錯了。

真是糟糕的假設。

維加斯轉錯方向的幾秒鐘之後，塔臺控制人員用無線電告訴我們：「航太總署九五五號，右轉，現在右轉！立刻右轉至一七〇方向！」維加斯立刻將飛機右轉，改變至正確的方向。他本能地察覺我沒留意的危機，我們當時的方向會直接在空中撞上另外一架飛機，飛行方向改變的理由，就是因為有一架進入機場的飛機正在使用那個路線降落。

「哇！」轉向正確的方向之後，維加斯說，「剛剛究竟是怎麼一回事？塔臺有給我們不同的飛行方向嗎？」

「對。」我說：「我們在跑道上時，塔臺更改了我們的飛行方向。」

「有嗎？」

「看看飛行電腦，我在上面改過了。」

維加斯停頓了。「當你看到我飛向錯誤的方向時，卻什麼都沒說？」

「沒有。」我非常膽怯地說，「我以為你知道自己在做什麼。」

那是當天晚上我們在座艙內交流的最後幾句話，除了完成飛行任務必須進行的最低限度溝通。沒有閒聊、開玩笑，或者與任務無關的對話。只剩下純粹的飛行任務，氣氛令人非常不舒服。我在內心深處知道自己搞砸了，但我希望我們可以就此放下，繼續前進。

但我們並未就此放下。在艾靈頓基地降落之後，我們關閉噴射機，開啟座艙罩，爬出飛機，踏著各自的下降階梯。我的雙腳踏上地面的那個瞬間，抬頭就看見維加斯盯著我的眼睛，臉上的表情極為嚴肅。他並未怒吼、提高音量，或者發脾氣，但原本和我一起飛行的那位和藹可親、喜歡交際的夥伴已經消失了。

「你在今天晚上必須學到的第一件事，」維加斯強烈且直率地說，「就是**當你看見某件事情可能有問題時，必須直言不諱**。我沒有聽見新的指引方向是我的錯，責任在我，而且可能會害我們喪生。但我們今天晚上差點沒命，也是因為你沒有大聲說出來。」

我點頭，心情很糟糕，他話語的重量深刻地進入我的腦海中。

「馬斯，」他說：「我有幾千個小時的飛行經驗，你只有幾個小時，這不重要，你必須直言不諱。如果你錯了，也沒關係。我會確定情況，如果你錯了，我會讓你知道你錯了。但我還是會感謝你願意直言不諱，知道嗎？」

「知道了。」

我學到寶貴的一課。

勇於指出問題及坦承錯誤

身為團隊中的新人永遠都不輕鬆，因為你就像局外人。你會覺得緊張、不安。當難題出現時，你預設的反應通常是保持安靜、聽從老手，希望在別人傾聽你的意見之前，先找到自己的立足點。這是錯的，特別是當你看見或聽到有正當理由懷疑的問題時。

談到飛行座艙中溝通的重要性，和我一起飛行的駕駛員，例如維加斯，總是告訴我，我一定會知道正確的溝通時機。「如果你覺得脖子後方的毛髮豎起」或者「如果你覺得胃部有一種奇怪的感覺」，你就應該溝通。同樣的道理適用於任何職場的任何情況。你應該相信自己的直覺，即使事後證明直覺是錯的。**直言不諱之後發現自己錯了，好過於保持沉默讓不幸的結果發生。**

事實上，局外人與新手的意見不只是有憑有據，他們通常也是團隊中觀察力最敏銳的。因為他們正在學習，他們的天線敞開。老手太習慣於環境，可能會開始疏忽——通常也會導致災難性的結果。所以，討論安全問題或任務成敗時，每個人都應該發聲。這個觀念是航太總署奉行的準則。感謝維加斯，我很早就學會了，從那天開始，我從來不曾忘記。

幾年之後，我有機會證明自己牢牢地記住當初的教訓。有一天，我和比爾．艾倫史東（Bill Ehrenstrom）一起飛行，他是我們其中一位研究暨教練飛行員。比爾是前空軍飛行員，在空軍和航太總署都累積了數千小時的飛行經驗。我們要飛向「角」（The Cape）——我們這樣稱呼甘迺迪太空中心（Kennedy Space Center）。「角」是卡納維拉角（Cape Canaveral）的縮寫，甘迺迪太空中心的其中一個建設基地。飛向「角」的時候一切順利，但在返航時，飛行時間進入半小時之後，座艙變得非常安靜。我聽不見比爾，比爾也聽不見我。我們的無線電完全故障。無線電失效（No Radio），飛行員通常將這個情況簡稱為NORDO。我們不只是沒辦法與飛機之外的任何人通訊，也沒辦法與彼此交談。

我們在飛行時用手勢與彼此溝通，我可以看見前方的比爾，而比爾使用座艙的後照鏡看見後方的我。但我們完全無法與空中交通管制人員溝通，他們聽不見我們，我們也聽不見他們。所以我們將應答器設定為代碼七六〇〇，這個代碼可以讓空中交通管制人員知道，我們在沒有無線電的情況下飛行。隨後，我們開始翻閱檢查清單，查詢這個時候應該如何處理。

無線電失效的標準作業程序規定，我們應該遵守起飛之前向空中交通管制提出的飛行路線，所以我們要在紐奧良停機加油。但比爾拿出一張小紙卡，迅速寫上一段訊息，並且將紙卡舉在肩膀上。紙卡上面寫著紐奧良是一座非常擁擠忙碌的機場，所以我們應該前往路易斯安納新伊比利亞的阿卡迪安納機場（Acadiana Airport）。我們往返「角」的時候，經常停留在阿卡迪亞納機場，我們喜歡在那裡加油時，享受常駐基地營運商（Fixed Base Operator，FBO）提供的卡津（Cajun）料理[4]從安全的觀點來看，前往阿卡迪安納機場是合理的。塔臺的管控人員也非常熟悉航太總署的飛機，而且那裡的忙碌程度比不上紐奧良機場。我向比爾比了大拇指，我們改變飛行電腦的導航，前往阿卡迪亞納機場。

飛行電腦提供新的飛行方向，但沒有給我們飛行高度。我們必須自行找到正確的飛行高度。比爾會在高度設置器中輸入新的高度，我們再把飛機降到正確的高度。由於沒有無線電，比爾負責駕駛飛機，我幾乎沒有什麼事情要做。所以我認為自己應該檢查圖表文件，看看能不能在我們目前的新飛行路線中，找到有用的資訊。比起像一袋馬鈴薯般癱坐著（飛行員都會如此稱呼沒用的後座副駕駛），我認為這是更好的協助方式。

我瀏覽進近圖（Approach Plate），那是一張單頁文件，列出進入機場的核可路線，我發現在我們的飛行路線上有一個警告區域。那是一個高空氣象探測氣球，以纜線連結，高度為最低飛行高度，飛機的高度不得低於此，避免與氣球或連結至地面的纜線發生空中碰撞。隨後我看著高度設置器，發現比爾讓我們的高度遠遠低於氣象探測氣球的最低安全高度，而且比爾已經開始讓飛機下降。我立刻敲打分隔我們座艙的樹脂玻璃。比爾發現之後，我舉起圖卡，指著警告區域。他迅速看著自己座艙中的圖卡，確認相關資訊，旋即立刻開始將飛機提高至安全高度，同時給我一個大拇指手勢。

我們抵達阿卡迪安納機場，在降落之前搖擺機翼，通知塔臺我們已經到達，並且觀察機場上的交通情況。我們隨後轉向跑道，成功降落。我們離開飛機時，比爾走向我，和我握手。他告訴我，我的直言不諱可能拯救了我們兩個人的性命。我在那次飛行的表現後來被納入航太總署的年度安全訓練，作為飛行時後座人員的正確行為範例：你可以決定像一袋馬鈴薯坐在後座，或者，你可以直言不諱。

☽ ☽ ☽

在任何一種工作環境中，重要的不只是在看見錯誤的事情時直言不諱。**如果你犯錯，也必須坦承表達**，這才是真正的難題。

航太總署的文化要求太空人只要出現安全意外，就要公開發表。我們將安

4 編按：流放的卡津－阿卡迪亞人發展出的特色料理，結合歐式烹飪、美國食材與非洲香料。

全意外稱為「驚險事件」（Close Call），也就是因為計算錯誤或者失誤可能造成的傷害。涉及意外事件的太空人必須在星期一的晨間會議時，向整個太空人辦公室進行匯報。這種匯報就像告解，只是更令人羞愧。因為你不是私下和一位匿名的牧師告解，你必須公開向同僚承認自己的錯誤，毫不掩飾。

我親眼目睹的第一次公開告解，發生在我們之中的一位飛行員在觸地重飛（Tough-and-Go）時稍微過快地收起起落架。只要我們降落在艾靈頓的航太總署基地，如果飛機還有額外的燃料，就會盡可能地進行觸地重飛。高速飛行、高G力轉向（High-G Turns），用引擎的怒吼來吵醒鄰居，沒有任何事情比飛行更快樂。但在這次的觸地重飛中，飛行員成功地將飛機降落在跑道上，啟動後燃器，抬起機鼻，準備再度飛行時，稍微過於倉促地收起起落架。這個情況導致機身承受過多的阻力。噴射機因此下降，一側機翼的末端高速碰撞跑道。幸運的是，他挽救了局勢，成功飛離地面，沒有人因此受傷。但飛機因此受損。下個星期一晨會時，他提出完整的告解。所有的過錯都會被原諒，學到寶貴一課的人，不只是那位飛行員，而是太空人辦公室的所有成員。

雖然這種告解可能會讓人非常難為情，卻是團隊安全運作的必要之舉，所以告解從來不是為了針對某個人，而且一定會獲得原諒。實際上，唯一不會被原諒的過錯就是試圖隱瞞。任何類型的隱瞞、藉口，或者推卸責任，都會讓你被貼上「不值得信任」的標籤——如果你被揭穿，就會有嚴重的後果。

在我進入航太總署之前，曾經有一次意外事件。那個故事已經成為某種程度的傳說，一個警世的故事，由老手傳給新手，讓新手知道永遠不應該做什麼。有一位飛行員在深夜降落至陌生的機場，不慎將T-38飛機駛出滑行道，進入沒有鋪設柏油路面的區域。這種事情可能發生在任何人身上。然而，這種事情會讓你不想承認，因為有些難為情。但你必須承認。你必須坦承，因為偏離柏油路面可能會在起落架艙（輪艙）中留下石塊和泥土，導致下一次有人想要駕駛飛機時，起落架發生嚴重的問題。如果你沒有坦承，就是讓下一位飛行員的生命陷入危險。那位太空人的行為正是如此。他並未坦承報告事發經過，而是什麼都不說。

另外一位飛行員進行下一次任務之前，地勤人員檢查了那架飛機，相關的證據因此浮現。艾靈頓基地的一位機組長在其中一個起落架艙中，發現了石塊和泥土，表示這架飛機曾經滑出柏油跑道路面。如果不是因為這位細心的機組長發現了證據，誰知道會發生什麼事情。那位飛行員的作為——更準確地說，是他的不作為，永遠不會被原諒。那次的意外事件讓他成為不值得信任的人物，也是他職業生涯的終點，他從此再也不曾於太空中飛行。

仔細傾聽，鼓勵且接納他人意見

直言不諱規則適用於任何人，但對於新成員來說特別重要。這也代表對於團隊領導者和老手而言，這個規則還有一個必然的補充條款：你知道新成員會害怕，**你必須主動鼓勵他們直言不諱，並且在他們直言不諱時，給予正面回饋，即使他們的觀察是錯的**。對於錯誤觀察的適當回應不是「你錯了。安靜，不要打擾我」。相反地，正確的回應應該更接近「我了解你的意思，但情況並非如此，因為X、Y，或者Z因素。但是，我很謝謝你願意直言不諱」。

那句「謝謝你」特別重要。我們常常說，在座艙中，「謝謝你」永遠是句好話。這句話可以讓你的組員知道你非常感謝他們的參與。優秀的領導者希望鼓勵每個人都直言不諱，因為他們可能會在下一次提出正確的觀察。雖然直言不諱可能會導致出現虛驚事件，但虛驚一場總是好過於悲劇一場。

當然，直言不諱規則還有最後一個適用於所有人的內容：**其他人表達意見時，務必仔細傾聽！**多年來，隨著我累積經驗，從菜鳥太空人候選者蛻變為太空漫步任務的老手，我始終記得要感謝當初那些更有經驗的太空人和工程師願意接納我提出的觀察和想法，有些是對的，但大多數都是錯的。我知道，等到我成為太空飛行任務的領導者時，我永遠都會仔細聆聽太空飛行新手隊員的想法，即使是——特別是——他們對於陳舊的習慣和規範有新的想法時。有些事情用特定的方式處理，只是因為向來如此。我明白嶄新的觀點通常是最好的觀點。

STS-125是我第二次的哈伯望遠鏡任務，我的其中一個主要工作是拆除並且更換哈伯的陀螺儀，也就是速率感測器單元（The Rate Sensor Unit，RSU）。過去兩次的哈伯望遠鏡維修任務中已經成功更換過，但非常難以處理。我必須小心翼翼地進入哈伯望遠鏡之中最精細的區域——裝載陀螺儀和星體追蹤器的導航區。我要在那裡拆下速率感測器單元的纜線，再將它謹慎地拿給在天文望遠鏡外的太空漫步任務夥伴麥克．古德。隨後，我一邊避免碰撞內部所有的精密儀器，一邊謹慎地將新的速率感測器單元安裝在天文望遠鏡內部。

從導航區域取出以及放入速率感測器單元是最難以處理的環節。在裡面很難移動，我的可觸及範圍和視線將會受到限制，即使只是用最輕微的力道碰撞星體追蹤器——產生三公分以內的位移——都會讓哈伯天文望遠鏡變得毫無用處。碰撞可能會影響哈伯天文望遠鏡的校正系統，讓它失去準確指向天際星辰的能力。這個任務就像「外科醫師桌遊」（Operation），但只要你犯錯，結果不是觸發嗡嗡作響的警報聲，而是摧毀價值數十億美元的硬體設備。然而，由於過去採用這種方式，我們所有人都認為，這個任務必須用這個方式進行。

我們所有人都是如此認為，除了一位新手。當時德魯．費斯特爾是被指派加入STS-125任務的太空漫步新手。他在幾年前加入太空人辦公室，而且——我找不到其他描述的方法——德魯有點與眾不同。但他的不同之處是好的，他只是用一種獨特的角度觀察世界。他在大學期間做了汽車機師的工作，而且是處理任何機器的天才。當我們一起觀察一部機器時，我只能看到一部機器，但德魯卻看見一個藝術品。時至今日，德魯仍是我最好的朋友之一，他最後也成為太空人辦公室的主管，一位真正的「大人物」（The Big Enchilada），也就是太空人們的老大。

我們在中性浮力實驗室（Neutral Buoyancy Laboratory，NBL）一起接受太空漫步訓練。中性浮力實驗室是航太總署一座巨大的泳池，約三十公尺寬，六十公尺長，深度也有十二公尺。你可以在那座泳池中穿著太空衣，進入水中，操作幾可亂真的任務用具仿製品和工具，同時用與太空相似的方式在水池中漂浮。

我剛進入航太總署的時候，認為更適合這個訓練設施的名字應該是「巨大泳池」。但隨著時間經過，我明白這個地方為什麼被稱為「實驗室」。因為這個實驗室建設的目的與設備都是為了找到處理艱難太空問題的方法，這裡是實驗與嘗試新觀念的場所。

德魯可以看著一項任務，幾乎是發自本能地知道最好的完成方法。因此，他觀看我和布艾諾在中性浮力實驗室裡面練習這個難度極為荒謬的速率感測器單元更換工作時，他意識到哪裡有問題，而且他做了應該做的事：直言不諱。他指出，我們將速率感測器單元取出與放入哈伯天文望遠鏡的方法不只非常艱難，而且沒有效率，還有潛在的危險。隨後，他開始依照他兒子玩具箱中的其中一個玩具，繪製一種新型工具的草圖。他將這個工具稱為「抓取工具」（Grabber Tool）。約翰．格倫斯菲爾德則是將這個工具命名為「拾取棒」（Pick Stick），這個工具的運作方法幾乎就像同名的孩童玩具[5]。太空漫步者能夠在天文望遠鏡之外，將拾取棒伸入天文望遠鏡內，取出老舊的速率感測器單元。之後，我們使用同一根拾取棒，將新的單元安裝在天文望遠鏡內部。由於我們可以在哈伯天文望遠鏡外進行拆除老舊單元和安裝新單元的作業，任務變得更簡單、更快速，而且更安全。

德魯的提議違背了哈伯天文望遠鏡太空漫步任務二十年來的訓練內容。他第一次提出自己的想法時，我抱持懷疑態度，團隊中還有幾位成員也是如此。但我很清楚，仔細傾聽新的想法很重要，你不應該在聆聽全貌之前扼殺創意。德魯的想法很合理，值得更深入地了解和評估。我們的工程師甚至前往玩具店，尋找孩童使用的玩具，讓我們可以簡單地進行概念評估。隨後，工程師開發出在中性浮力實驗室使用的原型。

正如德魯的預期，原型樣本的運作極為良好。我們在軌道上使用拾取棒時，表現也很好。我們成功建立了更優秀的新流程，都要感謝一位新人直言不諱，而且經驗老道的團隊成員願意傾聽。

所以，讓世界各地的新手願意直言不諱的最佳方法是什麼？激勵他們。獎勵和鼓勵都有很好的效果。

法蘭克．賽波利納（Frank Cepollina）是哈伯天文望遠鏡的維修管理人，我稱呼他為「哈伯天文望遠鏡維修教父」。他將鼓勵人們直言不諱的觀念提高至新的層次。他向工程師發出挑戰：「如果你們能夠找到方法，用新的技術或工具，讓太空漫步的任務時間減少一分鐘。我會特別表揚你。」我喜歡賽波利納的想法。獎勵直言表達新觀念的人，採用稍微有點競爭的激勵方式，讓想法得以源源不絕。

5 譯註：同名的孩童玩具是指「挑木棒」（Pick Stick），這個遊戲的玩法是將許多小根的木棒放在桌面上，孩子必須從凌亂交疊的木棒中，依照規則取出各種顏色的木棒，並且不能導致木棒形成的不規則組合瓦解，有點類似疊疊樂，只是挑木棒玩具的環境是木棒隨機構成的組合體。與這個任務異曲同工的地方在於，孩子通常需要用眼睛分辨應該取出哪一根木棒之後，握住木棒尖端。因此航太總署的新型工具也被取名為相似的名字。

但是，想要做到這個目標並不簡單。對於一些人來說，打破沉默非常艱難。如果你不習慣直言不諱，而你發現自己身處必須說出某件事卻猶豫不決的情況，以下是你必須記住的想法：

★如果你發現某些事情可能會出錯，只要你感受到那種沉重的毀滅感，務必表達自己的擔憂。即使事後證明沒有任何問題，整個團隊還是會因為傾聽你想說的話而變得更好。

★犯錯的時候，即使你可能想要爬進洞裡躲起來，但你必須做出完全相反的行為——承認錯誤。分享自己「學到的寶貴教訓」，讓你的隊友不會重蹈覆轍——而且永遠、永遠不要試圖掩飾自己的錯誤。

★當你還是新手的時候，可能會覺得膽怯，但請記得，經驗不足的觀點也是新穎的觀點。永遠都要從你的嶄新觀點，重新檢視那些陳舊且已被接受的做法，帶著尊敬且禮貌地提出自己的想法。

★如果你是團隊領袖，永遠都要歡迎新的想法。不只要歡迎，更要邀請隊員提出新的想法、徵求新的想法，並且鼓勵新的想法。請孕育一種文化，在這種文化中，可以承認錯誤、能夠分享如何改善的建議，不需要害怕遭到報復。

★最重要的是，請記得只要有人提出的想法引起你的注意，「謝謝你」是一句很好的回應。

並非所有的問題都是因為溝通不良所引起；但我們沒有能力解決問題，通常都是因為溝通不良。永遠都要記得直言不諱、永遠都要傾聽直言不諱的人。

Chapter 4

相信你的訓練、你的裝備，還有你的團隊

記住，這件事情也許是其他人的責任，但受到影響的可能是你。

二〇〇二年三月一日早上六點二十二分，我第一次航向太空，搭乘哥倫比亞號太空梭，進行STS-109任務，也是航太總署第四次的哈伯望遠鏡維修與升級任務。我們必須在午夜三點進入發射基地，也因此經歷了非常艱難的睡眠時間調整，才能適應工作時間，我們在大約下午一點左右就寢，於大約晚間九點起床開始準備出發。但我非常興奮自己有機會睡在航太總署甘迺迪太空中心的太空人隊員宿舍，也是尼爾．阿姆斯壯和所有傳奇太空人起床迎接發射日的就寢處。我在他們曾經吃早餐的餐廳享用我的早餐，在他們曾經使用的更衣室著裝；我走在同一條走廊，前往相同的電梯，走出相同的門扉；走出室外之後，我進入太空人廂型車，福斯製造的銀色改裝露營車，原廠型號是「墨西哥灣流」（Gulf Stream），前往同一座發射基地。我小的時候，就是在電視上看著我的英雄們從這座發射基地開始前往月球的旅程。

那天晚上，隨著我們接近太空梭，哥倫比亞號也變得愈來愈巨大。平時，太空梭的景致總是會被周圍的輔助設備遮蔽。現在，所有的輔助設備都已經移開，哥倫比亞號也露出完整的面貌：在漆黑的天空中被龐大的泛光燈照亮，一艘準備前往太空的飛船。廂型車司機在發射基地底下停車，讓我們下車。發射基地通常人來人往，有各種活動，現在看起來卻像廢棄了。這是因為燃料槽裝著燃料：液態氫以及液態氧。這些太空梭火箭使用的燃料，只會在發射的幾個小時之前裝入燃料槽，因為裝入燃料之後，太空梭基本上就會變成一顆龐大的炸彈。所以發射基地區域已經淨空，除了少數幾位技師協助將我們綁在太空梭裡面，隨後他們就會離開，讓我們獨自面對命運。

踏出太空人廂型車，可以看見太空梭身上似乎冒出濃煙，那是低溫氧和低溫氫發出的水蒸氣，讓太空梭看起來就像一座即將爆發的火山。太空梭也發出一種彷彿來自其他世界的噪音，那是金屬的咆哮和呻吟。冰冷的燃料讓發射基地的金屬結構彎曲作響，聽起來就像哥倫比亞號正在苦痛地嚎叫，等待著離開地面。太空船看起來很憤怒。它看起來就像活著，它的模樣彷彿一頭野獸。多年來，我日夜夢想此時此刻的到來，但這時我心裡想的卻是：「嗯……也許這不是一個好主意。」

人們問我，擔任太空人時是否曾經感到畏懼。答案是肯定的。在那個時刻，我非常恐懼。我四處尋找那輛太空人廂型車，想著也許我可以搭車回到隊員宿舍吃點東西。但是那位司機太聰明了，他早已迅速離開發射基地。我往其他方向看，見到手持重型武器的特種武器及戰術部隊（Special Weapons And Tactics，SWAT）。當時，距離世界貿易中心和五角大廈遭受攻擊的九一一事件只有六個月，因此現場布署了大量的額外維安人員。但當我看著那群特種武器及戰術部隊的成員，感覺就像他們用武器指著我這個方向，讓我覺得他們不是為了戒備恐怖分子，他們是來這裡確保我會善盡自己的義務，登上太空梭。我已經沒有機會逃跑了。

進入太空梭之後，我反而平靜了。我接受過良好的訓練，我知道應該做什麼。我對太空船有信心，也對於專注支援我們的團隊成員有信心。倒數計時開始，一切又變得順利。

自從那次發射之後的二十年來，我經常想起那天早晨。我的心智如何讓我心煩意亂，我又是如何對抗並且控制自己想要逃走的念頭。我明白比起實際去做某件事，憑空思考永遠是更糟糕的。我也學會了在執行計畫時，害怕沒有任何幫助。我們的心智會讓我們擔心所有的事情，但當我們開始面對令人膽怯的任務時，就會發現那個任務根本不如我們想像的可怕，而面對並且克服那些焦慮的方法，就是透過我當時使用的箴言，我將之稱為「三個相信」：相信你的訓練、相信你的裝備，並且相信你的團隊。如果你能夠用這個想法引導你的心智，你就可以完成所有目標。

機會是給準備好的人，相信一切吧

關於人生，我們要記住的第一件事情，那就是人生不是電影《終極警探》（*Die Hard*），我們很少會在毫無準備的情況之下被迫進入極端的處境。契機的出現，往往是我們爭取的結果，我們都為此接受了良好的訓練。問題在於，我們不相信自己的訓練，這就是發生在我身上的事情。

STS-109任務的時刻來臨時，我早已完成太空人候選者訓練以及飛行專業訓練。我成為太空人六年了。但我依然不認為自己做好準備。我擔心自己會搞砸一切，而我的擔心嚴重到，周圍的人都能夠輕易察覺我的自我質疑。在發射前幾個星期的一個下午，我和太空漫步任務夥伴吉姆．紐曼（Jim Newman）走出中性浮力實驗室的控制室。哈伯望遠鏡的其中一位資深維修經理麥克．維斯（Mike Weiss）攔住我們。

「夥伴們，」他說：「這個任務非常複雜，但我只想代表哈伯天文望遠鏡團隊告訴你們，我們對你們有絕對的信心，你們可以成功維修並且升級哈伯天文望遠鏡。」隨後，麥克又補充了一句話，而我認為，比起吉姆，那句話更像是對我說。「即使你們懷疑自己是否已經做好準備……」他說，「你們都已經做好準備了。」

「但我只是一個菜鳥。」我說，「我要怎麼確定自己做好準備了？」

「馬斯。」他說，變得稍微嚴肅。「你不是菜鳥。你確實還沒有上過太空，但你通過所有的測驗，你非常努力，你在訓練中表現良好。我們沒有任何一個人認為你是菜鳥。你和其他的隊友一樣有能力處理哈伯天文望遠鏡。」

幾個星期之後，在我們進入隔離區的前一天晚上，我的好朋友兼導師史帝夫．史密斯到我家拜訪，他也是一位哈伯天文望遠鏡太空漫步任務的資深老手。史帝夫就住在街角，他說想過來看看我的情況。史帝夫可能和麥克．維斯一樣感受到我對自己的懷疑與猶豫。也許史帝夫在第一次任務之前也對自己有相同的感覺，而他給我一個非常受用的提醒。「如果你還沒準備好，」他說，

「他們不會讓你出發。航太總署不會讓他們的太空人失敗。」他也補充了我應該記得的第二件事情：「太空飛行是一場開書考試。」我認為這句話也能夠應用在人生及職場上的大多數情況。大多數的任務都是一場開書考試，如果我們不確定，永遠可以提問，或者花時間查詢。沒有人認為我應該記得所有的訓練內容，如果有需要，我永遠都能夠在執行任務期間詢問確認。

麥克和史帝夫當然都是對的。我只需要相信他們是對的。航太總署不會把我送往太空，然後手指交錯祈求好運，盼望我不會搞砸一切。他們是訓練太空人的專家，所以他們說我已經準備好，這個事實就是我需要的所有證據。從許多層面來說，到了這個時刻，任務的艱難部分早已克服。我們完成所有的練習、解決方法，以及釐清所有問題。現在我們只需要執行就好。正式上場的時間到了，而我已經準備就緒。我在訓練期間非常努力，而我的努力讓我準備迎接成功。我現在只需要放輕鬆，相信我的訓練，好好表現，享受在前方等待我和隊友們的成功。

當然，我的懷疑並未完全消失。我的懷疑一路伴隨我，直到我踏上發射基地之前，但只要它浮現，我已經準備好讓懷疑噤聲的答案。如果你在學校或職場獲得一項任務，又或者是得到一個機會，但那個任務或機會來得有些勉強，讓你懷疑自己是否已經做好準備，請記得相信你的訓練。無論是你在教室接受的正式訓練，還是在工作崗位或個人生活中獲得的實際經驗，請記得那些經驗與教育都已經讓你準備好迎接眼前的機會。你的名字不是從帽子裡面隨機抽出的。**是你努力付出，才會獲得這次機會**。相信你的訓練，帶著信心前進吧。

身為一位太空人，我自然不會只依賴自己的智慧和能力。無論是在中性浮力實驗室的水中練習太空漫步，還是登上太空梭準備發射進入太空，我都要仰賴許多裝備以及機械，保障我的安全，協助我獲得成功，也是「相信你的裝備」開始發揮效果之處。

我的「相信自己的裝備」第一課，來自於駕駛T－38。只要我坐上去，我就是將自己的生命交給這架飛機以及相關的設備，例如我的降落傘以及空中交通管制人員的雷達。太空人辦公室裡面經驗老道的飛行員將我們的T－38飛機稱為「全世界保養最好的飛機部隊」。根據安全紀錄，他們的說法確實是對的。我們所有的T－38飛機都會接受定期保養，每次飛行結束之後也會立刻檢查。即使只是最小的問題，也會立刻停飛，直到問題解決。每次飛行之後，飛行員就會回報飛機的狀況，回到位於艾靈頓的航太總署基地時，地面部隊也會在飛機出勤之前，確保飛機已經準備就緒，可以進行下一次飛行。我的個人裝備，例如降落傘帶、頭盔，以及氧氣面罩，全部都會進行定期檢查和保養。如果不是徹底相信以上事實，我不可能坐上飛機，並且帶著自信操作飛機。

相同的嚴格安全檢查標準也套用在太空梭上。想要發射進入太空，必須相信人類有史以來建造最強大且技術最為複雜的科技產品之一。所有個別的零件——從太空梭的主引擎，到燃料艙、固體火箭發動機，到導航系統——都要完美運作，才能將我們送上地球軌道。協助我克服恐懼，踏上第一次飛行旅程的部分原因，正是因為我對太空梭本身建立了非常強大的信心。在飛行任務開始之前，我們定期拜訪甘迺迪太空中心，就是為了這個原因：增進我們對於太空飛行器的信任和熟悉程度。在其中一次的拜訪中，我和幾位隊員親自參觀了一艘太空梭，當時，太空梭正在飛行器組裝大樓（Vehicle Assembly Building）內進行準備工作。我們沿著走道觀察各個零件時，我留意到一位技師正在使用一個薄薄的刷子，將環氧物塗在其中一個固體火箭發動機的接環上。那位技師在每次塗刷都投入了如此的留心與專注。我觀看了一陣子，非常佩服他們對於細節投入的所有專注，就是為了確保所有零件都能獲得必要的照顧，才能夠在發射日有最完美的表現。看著那位技師讓我有了信心，我們的火箭推進器一定可以讓我和隊員安全抵達目的地。

人生中的每一天，從火箭推進器到計算機，一切都取決於工具的協助來獲得成功。我們的幸福和成功，完全仰賴於這些我們通常沒有能力自行維修或保養的設備。在我們最需要的時候，必須有信心，相信那些設備不會背叛我們。因此，請善待你的裝備，讓它維持最新狀態；在裝備損毀時，務必妥善維修。當你擔心無法順利完成一項關鍵的任務時，請記得，為了讓你能夠發揮能力並且成功，你所需要的技術和工具就在那裡。你必須信任它們。

☽☽☽

要相信自己的訓練以及相信自己的裝備，最終完全取決於第三個，也是我認為最重要的信任：你必須相信你的團隊。相信你的訓練，其實等同於相信你訓練者的判斷力。如果他們對你沒有信心，不會提拔你或推薦你進行重要的任務。所以，如果他們相信你，你也必須相信自己。而相信你的裝備，代表相信打造、維修以及保養裝備的工程師與技師。這代表信任專家，因為我們不可能無所不知，而且我們需要協助才能探索複雜的任務。你必須相信協助你做好旅途準備，以及在一路上協助你的人們。你必須知道，他們會支持你，而且在有需要的時候，你也會支持他們。這個團隊的成員包括我們的家人與朋友，以及一起工作的夥伴。

以上所有觀念都帶出了一個關鍵的問題：你要如何建立信任？

信任不會憑空出現，必須努力爭取，而且信任必須是雙向的，發展信任的關鍵在於人際關係。透過理解其他人，以及讓他們了解你，才能建立信任。**藉由這些交流和關係，建立互相的信任，而互信正是凝聚每個優秀團隊的基石。**

建立這些人際關係時，必須記得的第一件事情，就是登上太空是全員全力的付出。每一個職位、每一項責任，都是讓這一切成為可能的關鍵。維農（Vernon）這個人就是完美的例子。維農和他的團隊成員讓中性浮力實驗室的更衣室保持良好的工作狀態。只要我們在中性浮力實驗室有任何需要，我們就會去找維農。太空漫步任務的準備工作需要龐大的團隊付出，而那間更衣室總是熱鬧非凡，充滿各式各樣的活動：潛水員穿著溼透的潛水衣來來去去，太空人則是穿著沉重的裝備，在更衣室裡面笨重地走動。四處都是水，某個人因此滑倒而摔斷脖子的可能性非常高——但在維農和他的團隊手上絕對不會如此。每天早上，我到更衣室準備進行訓練，就會看見維農，他經常拿著一個龐大的橡膠拖把，監督他的團隊除水，保持地板乾燥。

「今天早上過得如何，維農？」我會問。

「只是盡我最大的努力，讓你們可以登上太空。」他則會如此回答。

這就是航太總署的工作態度。無論你擔任的職位有何種專業程度，你都是團隊的一分子，團隊的任務就是讓人們登上太空，團隊所有的成員都是任務成功的關鍵。

維農和他的同仁讓我很有信心，我相信我們獲得了很好的照顧，我們很安全。讓更衣室保持良好的工作環境，其重要性完全等同於任務管控中心的同仁，讓我們在地球軌道上保持安全。

身為一位菜鳥，中性浮力實驗室的經驗讓我學會的，不只是如何成為一位成功的太空漫步者，還有從休士頓到卡納維拉角，與更龐大的團隊成員建立良好關係的重要性。在卡納維拉角，每次太空梭發射之前，我和隊員都會去拜訪「範圍安全小組」（Range Safety Team）。範圍安全小組有極為艱難的職責，他們的工作是炸毀我們。如果太空梭或者火箭發射之後開始偏離正確的方向，朝向有人居住的區域，例如佛羅里達的海岸，他們就必須按下按鈕，在太空飛行器造成地面數千名傷亡之前，徹底摧毀太空船。

即使是發射無人衛星，這個判斷也非常艱難。何況若是載著七名活生生太空人的太空梭，幾乎成了天大的難題。所以，我們永遠都會拜訪範圍安全小組，確保他們知道，我們非常感謝他們的努力，也知道他們某一天可能要面對的艱困使命。我們會確保他們知道我們是誰，把家人的照片給他們看。我們用這種方式告訴他們，「嘿，不要太急著按下紅色的大按鈕。請記得那艘太空船裡面有人。」認識他們讓我們有信心，相信他們在發射期間會做出良好的決策，我們會受到良好的照顧，我們可以在發射日時信任他們。

太空人有一部分的工作是接受承包商的邀請進行演講、握手、拍照及簽名。信任是一條雙向道。我們向敬業的員工演講，讓他們知道，他們對於我們來說有多麼重要，我們又是何其仰賴他們的付出。我們希望藉此鼓舞他們，確保我們的任務盡可能地安全穩定，也要讓他們知道，可以相信我們會善用他們製造的硬體達成使命。而且，與那些敬業的承包商團隊成員見面，也能夠建立太空人對於他們的信任，讓我們有信心繼續推進任務。這些拜訪帶來各種人際關係，創造雙向的信任感，讓任務的所有運作相連與共。沒有那些人際關係與隨之而來的信任，再多的工程和科學創新技術，都沒有辦法用於讓人類登上地球軌道。因為任務終究會失敗。

在意外發生後，重建信任

遺憾的是，即使有這種程度的努力付出、敬業投入及信任，結果有時依舊不如人意。太空飛行的本質是危險。有人會犯錯、設備會故障。即使我們認為已經採取所有的預防措施，依然會有盲點，悲劇可能從四面八方出現。這就是二〇〇三年二月一日發生的事情：哥倫比亞號太空梭在重返大氣層時解體，帶走我的七位朋友與同仁。那是我人生中最糟糕的一天，也考驗了我對太空計畫的信心。

太空人辦公室第一時間的回應是照顧我們殞落朋友的家人。他們需要我們的幫助。我們出席隊員的追思會；我們試著向他們留在世間的配偶、孩子、家長、手足及朋友，提供一切可能的安慰。但幾天之後，我們開始討論另外一個問題。我們的太空計畫該怎麼辦？所有的太空梭飛行任務都被無限期暫停，等候調查結果。我們不知道以後能不能繼續飛行。損失一艘太空飛行器以及七條人命讓人傷心欲絕。失去整個太空計畫則更是令人無法接受，也不會是那七位隕命太空人想要留下的。

哥倫比亞號太空梭的意外證明了，即使你相信你的訓練、相信你的裝備，並且相信你的團隊，意外還是會發生，而且確實會發生。但正是因為我們耕耘多年發展的信任關係，那次意外讓我們的團隊與太空計畫變得更為堅強，而不是因此分崩離析。不只是為了太空人，也是為了讓整個國家重建對於太空計畫的信任，沒有任何人掩飾任何祕密，或者推卸責任。太空梭管理團隊和任務管控中心參加太空人辦公室每個星期的會議，用完全公開透明的觀點，讓我們得知事發經過。他們回答了所有的問題，並明確地表示，將會進行完整的調查，判斷意外的起因，毫無疑問地，我們會團結一致，確保相同的意外永遠不會再度發生。這是重拾太空計畫信任的必要舉措。

哥倫比亞號意外事件調查委員會（The Columbia Accident Investigation Board，CAIB）負責判斷意外事件的起因，以及決定太空計畫繼續運作的條件——倘若太空計畫可以繼續運作。到了七月，委員會提出報告，判斷在太空梭發射期間，外部燃料艙噴出一塊行李箱大小的隔熱泡沫，擊中了哥倫比亞號的左翼前緣，這個區塊是用於承受重新進入地球軌道時的熱度，但無法在有碎片的區域飛行。

太空梭外部燃料艙打造得就像一個巨大的保溫瓶，外層的隔熱物質用於讓低溫燃料保持接近攝氏零下負一百五十度。但隔熱泡沫不一定會穩固地附著在燃料艙的金屬外殼上。在過去幾次的太空梭發射時，部分的隔熱泡沫也曾經脫落，但因為泡沫沒有重量，過去也不曾造成損傷，因而被視為無害。第一次有人提出隔熱泡沫可能會傷害機翼的熱保護系統時，我們全部都認為那幾乎是不可能的。一片泡沫怎麼可能摧毀整艘太空梭？

好吧，調查報告告訴我們這種情況是如何發生的。泡沫的衝擊分析顯示，就在那片泡沫從外部燃料艙脫落之前，太空梭整體的速度大約是每秒七百公尺（每小時二千五百二十四公里）。泡沫脫離外部燃料艙之後，大約用〇．一六一秒的時間撞擊機翼。在這段時間之內，由於低密度泡沫的低彈道係數，泡沫的速度從每秒約七百公尺，降低至大約每秒四百五十公尺，這個情況代表太空梭用大約每秒兩百四十三公尺或每小時八百七十七公里的相對速度，撞擊自由墜落的泡沫。即使是泡沫，用這種速度撞擊任何物體，都會造成損傷，何況是太空梭脆弱的機翼前緣。

哥倫比亞號意外事件調查委員會指出三種不同類型的肇因：（一）導致哥倫比亞號意外的機身實際故障問題；（二）組織和文化的弱點；以及（三）其他重要的觀察，包括向航太總署提出的二十九個不同建議。航太總署必須重新設計太空梭的外部燃料艙、建立更好的發射期間影像觀察技術，以及提高在地球軌道上的檢驗和修復能力——最後，則是逐步結束太空梭計畫。

關於航太總署的文化和組織問題，哥倫比亞號意外事件調查委員會認為，「監督太空梭計畫的管理方式，就像擊中左機翼的泡沫，都是意外發生的起因。」這句話令人非常難過。即使我們認為自己的安全和溝通方式已經非常良好，依然需要再改進。

沒有一種關係是完美的，但考驗任何關係的方式，就是看它如何處理其中的不完美。從那天開始，我們著手改善運作方式。我們讓每個層級的員工都有權力，而且鼓勵他們提出安全上的疑慮。我們開始和軍方以及其他高風險的產業共享最好的安全處理方法。太空梭計畫的管理組織更為強調系統設計與整合，擴展了安全和任務保障的角色。這一切改變讓太空梭計畫得以再度飛行，而且我們有信心，比起過去的任何時期，我們的團隊現在更為堅強。在哥倫比亞號太空梭的意外事件之後，經過兩年半我們才能夠再度定期飛行——我們用兩年半的時間，重建讓太空梭再次帶著自信飛行所需要的信任。但一切都有了回報。我們能夠成功完成太空梭計畫剩餘的任務，完成國際太空站的組裝，以及最後一次維修哈伯天文望遠鏡。

當我回首太空人的職業生涯時，巔峰當然是我的太空漫步任務以及和隊員一起訓練的時光。然而，另外一個高峰則是我們如何在哥倫比亞號意外事件之後，以團隊的方式一起振作、如何重建對於太空梭計畫的信任，以及我們如何找到繼續飛行的方法。我認為，在艱困的時刻，例如悲劇或流行傳染疾病發生時，方能展現我們是何其傑出的隊伍。在艱困的時刻，而不是在輕鬆的時刻，我們才能知道自己的本性。我永遠不想再經歷一次太空飛行意外，我們當中也沒有人會想再經歷一次流行傳染疾病。但我認為，我們可以自豪地回顧我們的隊伍是如何面對各個艱困時期，重建信任，並且再度獲得成功。

信任的同時，也要追蹤和溝通

最後，正如哥倫比亞號意外事件證明的，信任不代表無條件的接受。信任也不代表盲目地假設一切都會獲得妥善的處理。我讀研究所的時候，有人介紹我認識航太總署的其中一位傳奇人物唐．伯克（Don Bourque）。唐是資深老將，從太空計畫開始時，他一直都在詹森太空中心工作，在我多次無法順利獲得太空人辦公室的青睞時，他總是能夠說出鼓舞人心的句子。等到我終於以太空人的身分來到休士頓之後，我在一次社交場合遇見他，問他能不能給我任何建議。他思考片刻之後說道：「麥克，永遠都要記得——那是你的屁股。」

「什麼？」

「你的屁股。」他說，「也許確保事情順利運作是其他人的工作，但你的屁股會坐在火箭太空梭上面。」

每個人都聽過那句古老的諺語：「信任，但要查證。」（Trust, but verify.）這句話當然是對的，但「查證」這個字，對我來說，聽起來有點像在暗示質疑，擔憂其他人可能會犯錯，或者不夠可信。用比較不沉重的說法表達相同的意思，可能是「信任，但是要持續追蹤情況並且保持溝通」。如果你的工作、名譽，以及生命安全可能會受到影響，你有正當的權利提出問題、再度檢查，並且持續追蹤情況，直到你覺得安全為止。在任何高風險的情況中，例如坐上火箭太空梭、準備向客戶提出簡報，或者是確保汽車處在安全的工作狀態，其他人確實應該用高度公開透明的方式對待你。你的隊友也應該永遠都要準備好，完整地解釋自己的行為與理由，而且不應該將你的問題理解為質疑或不信任他們的工作——正是因為如此，你必須投入非常多的努力，在任何問題可能發生之前，建立良好的人際關係。

攸關我們駕駛飛機時使用的個人設備時，這個道理更為重要。我們都知道自己擁有全世界保養最好的飛機，但正如哥倫比亞號與那些柔軟的隔熱泡沫塊，我們也很清楚，可能會有某些事情被忽略了。每次飛行之前，我們都會重新確認地面人員已經確認的事項。我們會完整檢查飛機，確保降落傘和彈射座椅沒問題，檢查可能會影響該次飛行安全的所有關鍵物品，並且與機組長核對我們考量的所有問題。我們都明白，這種類型的失效安全措施（Fail-Safe Measure，也稱為故障保險措施）並非代表飛行員和地勤人員之間缺乏信任，只是額外的措施，用於提醒、溝通及公開透明，確保所有的事情妥善運作。這是建立信任的一環，而不是在削弱信任。

到了地球軌道之後，同樣的道理也成立。在太空中，我們負責確保彼此的安全。每一位太空漫步者都要仰賴隊友確保他們能夠安全地穿上太空裝，隊友會確認所有的閂鎖都在正確的位置、安全繫繩確實綁好、所有的工具都在應該在的地方。我們永遠都會請另外的人員協助檢查，即使是一位不熟悉相關設備的隊友，也會請他們協助監督並且確認我們所看見的情況沒有問題。同樣地，正如我們的T-38飛機，即使已採用以上的措施，再度檢查一切準備就緒的責任，依然屬於穿著太空裝的太空漫步者本人。正如你必須仰賴其他人的幫助才能成功，而你的責任就是確保他們可以順利完成自己的職責——信任，但也要持續追蹤情況並且保持溝通。

🌙
🌙
🌙

遵守三個信任的法則，讓我在感到緊張的可怕情境中有勇氣前進。不過，害怕不同於緊張。害怕通常無法改善我們的表現；在需要執行計畫時，害怕可能會影響我們的思考能力。

然而，經過這些年，我已經明白，在準備一項任務工作時，緊張通常是好事，因為緊張代表你在乎自己做的事情。如果你對於眼前的工作並未感到緊張，也許這個工作對你來說，沒有太大的意義。我認為這不是一個好的跡象。緊張能夠鼓勵我們做好準備，建立我們的信心。因此，如果你對於即將到來的事情感到緊張，請將此視為好的跡象，協助自己做好準備，知道你正在做一件對自己來說很重要的事情。而且請記得：

★緊張沒有關係——緊張代表你在乎。請提醒自己，你接受了良好的訓練，你已經對於這次的挑戰做好準備，如果你不應該在這裡，你就不會處於這個位置。

★駕馭那股緊張的能量，用那股能量激勵自己。開始做好準備，檢查你的工具、複習你的計畫，並且與你的團隊再三核對。

★提醒自己記得你擁有正確的技術、裝備及工具，能夠協助你完成自己即將面對的挑戰。

★提醒自己記得，在你的背後，有同仁、家人及朋友組成的團隊。他們不僅協助你為這個時刻做好準備，當你遭遇困難，他們也會站在你身邊。

★相信提供協助的人們，但也務必記住，最後是你自己必須負責正確地完成使命，所以要確保自己能夠達成目標。

★始料未及的事件發生時，務必進行詳細而且誠實的調查，藉此恢復信任以及前進的能力。

★到了出發的時刻，放輕鬆。在那個時刻感到害怕不會有幫助。專注在執行計畫，以及享受這次的挑戰。

★也許是最重要的：**相信自己**。對自己有信心，相信你會成功完成挑戰。

永遠都要記得三個相信：**相信你的訓練，相信你的裝備，並且相信你的團隊，也不要忘記第四個相信：相信自己**。也請記得：某些事情也許是其他人的工作，但會影響你的人生，務必追蹤與溝通，讓他們知道你很感謝他們，竭盡所能地建立信任，信任可能會在某一天拯救你的工作或你的人生，並協助你實現你的登月目標。

Chapter 5

你永遠都可能讓事情變得更糟

放慢腳步，請人協助。

我被指派擔任第一位進行哈伯天文望遠鏡太空漫步任務的菜鳥時，同隊的另外三位太空漫步者約翰．格倫斯菲爾德、瑞克．林尼漢（Rick Linnehan），以及吉姆．紐曼，都是經驗豐富的老手。他們三個人一共完成了八次太空飛行任務以及六次太空漫步任務，而我的相關任務經驗為〇。我從一開始就覺得自己追不上他們，我的心情也遠遠不只是畏懼。正如在我之前的眾多菜鳥，我認為自己必須做得更多，來彌補自己的缺乏經驗，而方法就是向所有人證明我能夠做得多好。也正如在我之前的眾多菜鳥，我很快就會明白，這是一個非常可怕的錯誤。

在早期一次中性浮力實驗室訓練之中，我想要用自己的能力留下一個好印象，展現我穿著厚重的太空衣，使用手部作為移動方法時，依然可以順利地在太空梭和天文望遠鏡扶杆之間移動。但是，在嘗試炫耀我的速度和能力時，我過於橫衝直撞。就在這個時刻，我發現安全繫繩已經繞在我的雙腿之間。安全繫繩的用處是確保每一位太空漫步者能夠連結至太空梭或國際太空站，所以你不會意外飄落至太陽，或者成為圍繞地球的永恆衛星。繫繩本身用鈦絲製造，其中一端是安全繫繩捲筒，形狀就像一顆大花生，連結至太空人身上，用一個鉤子鎖在太空裝腰部附近的半圓形金屬環（D型金屬環）。另外一端則是一個封閉的鉤子，固定在機器臂上（當太空漫步者從平臺上的機器臂進行任務）或者是太空梭窗臺上的滑軌（當太空漫步者是自由飄浮，使用雙手在太空梭和哈伯天文望遠鏡之間進行移動）。倘若太空人脫離與太空梭或國際太空站的結構，開始漂流，安全繫繩捲筒就會收線，將太空人拉回到安全位置。

安全繫繩可以拯救你的生命，但安全繫繩本身也很危險。如果你不知道安全繫繩在哪裡，你可能會被纏住。我的同僚喬・譚納（Joe Tanner）將這種感知能力稱為「完全繫繩感知」（Total Tether Consciousness）。那天在中性浮力實驗室的訓練中，我讓繫繩於雙腿之間浮動，是因為我缺乏「完全繫繩感知」造成的結果。我從一開始就不應該讓繫繩漂浮到那個位置。

在那個時刻，情況還不算太糟糕。我只需要解開安全繫繩，就可以繼續訓練。但是，由於身為菜鳥的不安全感，我不希望任何人發現我的失誤。我沒有請求任何人幫忙。我認為自己可以在任何人發現之前，迅速地解開安全繫繩。馬西米諾，那是一個非常愚笨的舉動。隨著我想要藉由側身移動，將雙腿移動至繫繩的另一邊時，繫繩纏住了我的頭盔燈。隨後，我再度嘗試解開繫繩，這次則是藉由轉動我身上的太空衣，導致繫繩繞到我的脖子後方，並且圍繞著我的頭盔。為了解開頭盔上的繫繩，我反而讓它纏住了我拿在胸前的迷你工作站與工具。現在，繫繩從我的雙腿之間繞上我的背部，越過我的頭部之後圍繞著我的頭盔，再繞著我的脖子後方，下降至我的胸口，並且纏住我的工具。我已經無助地被徹底纏繞了。我覺得自己彷彿陷入海底，與一隻巨大的章魚搏鬥——一隻我自己創造的海洋怪物。

當然，我最害怕的事情還是發生了：每個人都看見我的失誤。我沒有辦法控制自己的安全繫繩，可能還創下了太空人被安全繫繩纏繞程度的世界紀錄。如果我在第一個問題警訊出現時，願意用一分鐘的時間，請求太空漫步夥伴的幫助，或者，至少請控制室的其他隊友查看我的繫繩有什麼問題，整件事情只會是一個小問題，訓練的短暫延遲，不會對整體訓練有任何影響。但是，我想要在任何人發現之前，倉促地修正可能的問題，這從一開始就是只有菜鳥才會有的荒謬想法。水池裡面的攝影機連結至十多臺螢幕，控制室大約有二十個人正在觀看螢幕，所有人時時刻刻都在看著我最後讓自己看起來就像威利狼再度無法抓住嗶嗶鳥的狼狽模樣[6]。

纏繞在繩索網中，我徹底被打倒且尷尬得無地自容，我最後終於放棄自己的行為。「也許大樓會被閃電打中，這樣大家的注意力都會被吸引到其他地方。」我心想。但我沒有那麼幸運。我們的教官使用通訊系統，從控制室詢問我是否安好，需不需要幫忙。隨後，我的太空漫步任務夥伴吉姆．紐曼前來查看情況。他稍微打量我一番，我可以看出他因為我達成的「偉業」而感到佩服。如果我想要刻意讓自己被安全繫繩纏繞，可能還沒辦法做到如此糟糕的地步。更糟糕的是，由於纏繞的繩子有一部分圍繞著我的背包以及頭部，所以我不可能自行解開。所以吉姆移動了圍繞在我太空衣上的繫繩，旋轉我的身體，讓我保持傾斜，解開所有的繩結，讓我從自己的網羅中獲得自由，然後我們就能繼續進行訓練了。

在麥克．馬西米諾與安全繫繩的對決中，安全繫繩獲得全面的勝利。在

6 編按：威利狼（Wile E. Coyote）與嗶嗶鳥（Road Runner）是華納兄弟喜劇卡通系列《樂一通》（*Looney Tunes*）裡的一對角色搭檔。故事情節通常圍繞大野狼威利試圖用各種複雜的計謀來捕捉嗶嗶鳥，但每次都以失敗告終，並且大野狼總是因為自己的陷阱而狼狽收場。

剩餘的訓練時間中，我都在責備自己。我們離開水池後，吉姆將我拉到一旁，詢問我為什麼繩結變得這麼糟糕，那是他看過最糟糕的情況。我告訴他，一開始其實沒有這麼可怕，但我操之過急，沒有請人幫忙，讓情況變得愈來愈糟糕，直到我完全受困於繫繩之中。吉姆點頭說：「麥克，你必須記得虎特法則（Hoot's Law）。」

「什麼是虎特法則？」我問。

「那是虎特・吉布森（Hoot Gibson）[7]擔任太空人時曾經說過的話：**無論情況看起來多麼糟糕，你永遠都有可能讓事情變得更糟糕。**」

「哇，」我說：「虎特・吉布森是一位非常睿智的太空人。」

「他確實是。」吉姆則說，「虎特還曾經說了一些話，可能也會讓你覺得受用無窮。『什麼都不做（Nothing）有時是最好的選擇，沒事（Nothing）也永遠是一句最好的回答。』」

虎特法則是非常好的建議。安全繫繩第一次打結時，還不是一個大問題。但是，由於倉促和慌亂，我讓情況變得更糟糕。如果當初可以放慢腳步，暫停片刻，在行動之前評估眼前的局勢，情況必然會更好。換句話說，在倉促行動之前，**直到我弄清楚情況，最好什麼事情都不做**。我也可以請吉姆或者控制室的團隊協助我找到安全繫繩究竟在何處打結，因為我自己很難看清楚。虎特法則是我學到最重要的教訓之一。

慢慢來，比較快

羅伯特．「虎特」．吉布森曾經是一位海軍飛行員暨測試飛行員，在一九七八年時獲選進入太空人團隊，他的飛行技巧和領導特質堪稱傳奇。每個人都喜歡他。我在一九九四年第一次接受遴選委員會的面試時，吉布森依然在航太總署服務，擔任太空人辦公室主任。在面試期間，他就坐在不遠處，臉上總是微笑。我永遠不會忘了他的微笑。在某個時刻，我很緊張，他給我一個非常美

7 譯註：虎特．吉布森的本名是羅伯特．吉布森（Robert Gibson）。他的綽號來自於有相同姓氏的美國牛仔競技冠軍與電影演員虎特．吉布森，資料根據https://historycollection.jsc.nasa.gov/JSCHistoryPortal/history/oral_histories/GibsonRL/GibsonRL_11-1-13.htm。

好的微笑，就像在說：「沒問題的，兄弟。你做得很好。」在壓力非常大的時候，那對我是極大的安慰。

虎特在一九九六年十一月離開航太總署，就在我和同班的太空人同學報到不久之後，但虎特的箴言和建議依然代代相傳。確保虎特的啟示能夠代代傳承的其中一位人物是查理・波登（Charlie Bolden）。在傳奇的漫長職業生涯中，查理・波登曾經是海軍飛行員、測試飛行員、航太總署太空人、美國海軍陸戰隊上將，以及在二〇〇九年至二〇一七年期間擔任航太總署署長。即使擁有能夠累積此種經歷的才能，查理・波登依然在學習虎特法則之前，承受了令人非常難為情的教訓。一九八六年一月，在第一次的飛行任務中，查理被指派為哥倫比亞號太空梭的飛行員。虎特則是波登的指揮官。在一次的早期訓練中，他們與其他隊員進行太空梭發射模擬訓練。當時還是菜鳥的查理想要讓每個人知道他有競爭力，正如我在水池中對待安全繫繩時的想法。他們起飛之後，電力故障立刻造成警報作響。查理拿出檢查清單，判斷這是必要的電力匯流排（Electrical Bus）故障，造成太空梭三個主要引擎的其中之一熄火。查理將問題告知虎特，表示他將會處理。於是，查理開始進行必要的程序：撥動開關，關閉電力系統的故障部分，讓故障的電力匯流排離線。所以他伸手撥動開關——但他撥動了錯誤的開關，因而關閉錯誤的電力匯流排。

「倏然之間，」查理如此向我描述當時的情況，「模擬器內部變得非常安靜。」他們已經因為第一次的電力系統故障損失一具引擎。查理現在因為關閉另外一個必要電力來源，導致他們損失第二具引擎，代表他們必須嘗試只用一具引擎飛向太空。但那是不可能的。隨著模擬的重力緩慢地控制他們的太空梭，他們掉落至模擬的地球，墜毀在模擬的海洋，因而承受模擬的燃燒身亡。查理只能坐在位置上，非常難為情，就是在那個時候，虎特．吉布森看著查理，拍拍他的肩膀之後說，「查理，我教過你虎特法則嗎？」

知道自己讓已經非常惡劣的情況變得更糟糕，查理感到非常困窘。但他們也因禍得福，虎特法則誕生了一個新的必然補充條款，一個新的政策，用於回答以下的問題：「好的，所以我們要如何避免讓事情變得更糟糕？」新的規則就是，沒有人可以獨自採取任何行動。太空梭非常複雜。太空梭內部有許多看起來相似的開關、旋鈕及按鈕，可能出現的故障類型非常多。他們決定在處理任何一個問題時，只要情況允許，至少要用兩顆頭腦與兩對眼睛，特別是在面對緊急事件時。他們將此稱為「雙人規則」。在處理所有的問題時，一個人負責依照標準程序進行，另外一個人負責閱讀檢查清單上記載的步驟，並且監督協助第一個人，確保行動步驟可以正確完成。如果必須撥動一個開關，第一個人會說：「我在這個開關前面，我會將開關移動到這個位置。」第二個人負責確認第一個人的行動，明確說出「我看見你在正確的開關前面」。唯有完成上述程序之後，第一個人才可以完成該行動。

你可能會認為，雙人規則會妨礙並且降低在駕駛太空梭時處理緊急事件的速度，你的想法是對的。但放慢速度，即使是在緊急事件中，就是這個規則的重點。查理．波登在模擬器中撥動開關之前應該知道的，以及我在水池中想要自行解開安全繫繩之前應該知道的，就是在繼續行動之前暫停片刻，確定自己行動的結果，這通常才是良好的行事方法。我們在航太總署孕育的另外一則箴言，則是「慢慢來，比較快」。有時候，我們會說「為了加快速度而放慢腳步」，這句話也是「你永遠都有可能讓事情變得更糟」另外一則很好的補充條款。

在太空梭上，幾乎沒有任何事情需要立刻完成。只有為數稀少的任務可能會強迫你必須倉促行事。在我第一次的太空漫步訓練中，「放慢腳步」是常見的建議，特別是在犯錯之後。與其恐慌或者過快行動，造成第二次的錯誤，航太總署鼓勵我們先深呼吸，有目標地行動、審慎思考、謹慎處理、不要倉促。藉由這個方式，問題通常可以迎刃而解，任務也能夠用更少的時間完成。緩慢而穩定的腳步能夠贏得勝利，屢試不爽。

在STS-109任務中，「放慢腳步」的勸告也提高至一個新的層次。現在，這句話已經變成：「和喬．羅皮克羅（Joe LoPiccolo）一樣慢。」

喬．羅皮克羅是我在成長過程中的一位家庭友人。他有冷暖器空調的專業背景，而且他能夠製造或維修幾乎所有的物品，可以說是鄰里中的一位傳奇。讓人們驚訝的不只是他能夠做的，還有他做的方式，他的方法就是放慢速度。他會仔細觀察問題、思考，用義大利語喃喃自語，隨後開始緩慢地著手。他也會分析自己的行動，在需要的時候進行調整。如果他的行動導致某個物品損毀，他甚至還會讓速度變得更慢。有時候，他會慢條斯理地用好幾個小時思考一個問題，看起來就像什麼事情都不做，但最後永遠都有辦法解決。有個傳說是他甚至曾經成功修復一臺縫紉機。這件事情在家庭聚會的晚餐桌上被提起時，每個人的眼睛都閃爍著驚訝的光芒。你當然可以找到人修門框、通水槽或修汽車，但縫紉機？你究竟要怎麼知道如何修復縫紉機？

答案就是放慢腳步。

在STS-109任務訓練時，經過四年來經常被提醒要「放慢腳步」之後，有一天，一位教官又告訴我「放慢腳步」的箴言。於是我脫口說出：「你的意思是和喬・羅皮克羅一樣慢？」我解釋了看似隨便說說的句子背後有何故事，我們全部都笑得很開心，自此以後，那句話就變成任務的主題。在哈伯望遠鏡維修任務的控制室中掛著一個旗幟寫著：「喬說：『要為了EVA放慢腳步。』（Joe says: Go Slow for EVA.）」這句雙關語來自「Go for EVA.」（EVA是指「艙外活動」〔Extravehicular Activity〕，也就是太空漫步任務）。當主要引擎關閉，而我們抵達太空之後，綽號「滑板車」（Scooter）[8]的指揮官史考特・歐特曼使用通訊系統告訴我們：「好的，請記得，繼續遵守喬・羅皮克羅原則，慢慢來。」在我即將走出艙門，進行第一次太空漫步任務時，我的太空人同班同學丹·伯班克（Daniel "Dan" Burbank），也是我親愛的朋友，在任務管控中心（Mission Control Center，MCC）擔任太空飛行器通訊官（Spacecraft Communicator，CAPCOM）的他說：「記得，要和喬·羅皮克羅一樣慢。」那是一種提醒自己的方式：不要倉促、不要慌張、慢慢來，**不要因為過快行動讓事情變得更糟，並且做出可能會讓自己後悔的事情**。

隨後，就在隔天，為了任務的第三次艙外活動，我們有機會測試所學的一切。我們面對了一場真正的緊急狀況，而虎特法則、雙人規則及為快而慢，讓我們得以成功通過考驗。在那次艙外活動任務期間，吉姆·紐曼和我則是進行艙內活動（Intravehicular Activity），意思是我們會在太空漫步任務期間待在太空飛行器內部。當天預定進行艙外活動的太空漫步者是約翰·格倫斯菲爾德與瑞克·林尼漢。這是我們在準備飛行任務期間最擔心的太空漫步任務，因為

8 譯註：史考特·歐特曼在海軍服役期間擔任飛行員，曾經駕駛超過四十種不同類型的飛機，累積飛行時數超過七千小時，他也在那段期間獲得了「滑板車」的外號（與其名字相近）。歐特曼也曾經在湯姆·克魯斯（*Tom Cruise*）的知名電影作品《捍衛戰士》（*Top Gun*）中擔任特技飛行員。

這次太空漫步的重點是更換哈伯望遠鏡的動力控制單元（Power Control Unit，PCU），這個零件已經開始出現耗損跡象。這是一個重要的設備零件，大概就像哈伯天文望遠鏡的「心臟」。沒有這個零件，哈伯望遠鏡將會失去動力，代表它沒有辦法在穿過白天的陽光時間時自行冷卻，也沒有辦法在穿過夜間的太空冰冷時保持自身的溫度。沒有控制溫度的能力，哈伯望遠鏡就會死亡，成為太空殘骸中的無用碎片。

更換動力控制單元是高風險的行動。為了更換它，我們必須完全停止且關閉哈伯望遠鏡，這是有史以來第一次。我們也要在太空漫步任務期間採取事先預防措施，讓望遠鏡維持溫度穩定，還要盼望在動力控制單元更換完成之後，哈伯望遠鏡可以重新啟動。除此之外，更換動力控制單元本身就是一個挑戰。動力控制單元包含所有用於提供哈伯望遠鏡動力的繼電器，藉由三十四個外型猶如大砲的龐大圓形連結器，連結至望遠鏡本身，連結器上還有非常堅硬且難以移動的電力和訊號線，延伸至動力控制單元的左下方，而下方還有兩個連結器。我們並非百分之百確定所有的連結器從老舊的動力控制單元身上拆除之後，還能夠連結至新的上面。在訓練中，我們發現現有的連結器工具不適合本次任務，於是我們開發了新的高扭矩連結器工具，希望可以達成目標。由於上述的所有原因，我們無法確定這次的太空漫步任務需要多少時間。即使我們只是遇到一個非常難以拆除的連結器，都有可能讓這次的修復任務徹底失敗。所以我們希望讓太空漫步者盡早離開太空梭，才能有多餘的時間，解決連結器的任何問題。

那天的任務一開始很順利。吉姆和我帶領約翰和瑞克完成準備工作，讓他們穿上艙外活動裝（Extravehicular Mobility Units，EMU，用於太空漫步的太空衣正式名稱），並且協助他們進入氣閥艙門區域，確保他們的太空衣穿戴穩固。但就在我們準備關閉氣閥艙門時，吉姆發現約翰的攜帶式生命維持系統（Portable Life Support System，the PLSS，太空衣上看起來像是背包的零件）上面有水。我們更仔細地查看，發現不只是幾滴水，而是大量的水。約翰已經穿上太空衣和頭盔，沒有辦法看清楚目前的情況。因此我們必須讓約翰像感恩節遊行的氣球一樣在空中旋轉，看看我們是否能夠判斷水從何處出現。水顯然來自於攜帶式生命維持系統的水冷系統。那是非常明顯的故障。我們清除約翰生命維持系統上的水時，指揮官史考特．歐特曼詢問約翰還能不能走出太空梭艙門進行太空漫步任務。「穿著這套太空衣就沒有辦法。」約翰回答。

情況立刻變得明確，我們必須重新組裝一套全新的太空衣給約翰，用其他太空衣的零件拼貼修補——這會是一次重大的延誤。我們連一分鐘的多餘時間都沒有，但我們也沒有犯錯的空間。十八個月之前，在中性浮力實驗室，我在安全繫繩打結時而產生的倉促與恐慌，可能會讓我的朋友走出氣閥艙門時喪命。但我們所有人都已經將虎特法則謹記於心。我們必須謹慎，放慢腳步、謹慎地照顧彼此，連最小的錯誤都不能出現。沒錯，我們都很擔心重新組裝太空衣必須付出的時間，以及這件事情將會如何影響當天更換動力控制單元的排程。從當時的情況看來，太空漫步任務能不能繼續執行都是一個問題。但如果我們倉促、恐慌，因而忽略一個步驟或者並未按部就班行事，會讓問題變得更為嚴重。比起錯過太空漫步任務，我們可能會因為做出某些事情，讓依然待在太空梭內部的隊員承受傷害。回頭處理問題Ａ之前，我們不能再讓團隊還要面對問題Ｂ，因為在這個情況中，問題Ａ本身已經非常嚴重，可能會讓我們失去一整天的時間。只有一個問題通常不會難以克服，但兩個問題可能就會如此。

為了解決問題Ａ，在實際開始打造一套新的太空衣之前，我們必須思考一個事實，我們的首席太空漫步者已經穿上一套有問題的太空衣，他的生命仰賴於一套受損的生命維持系統。我們必須讓他安全地脫下那套太空衣。我們立刻請求任務管控中心的協助。任務管控中心請我們注意艙外活動檢查清單上記載的某個流程，並且增加了一些改動，確保我們可以讓約翰安全地脫下太空衣。

我瀏覽檢查清單，開始處理那個流程的細節。在這段期間，南希・柯里（Nancy Currie）幫忙監督我。她看著我的每一個步驟，當我查閱檢查清單上的改動和步驟時，她也會在我每一次行動時點頭表示同意。我們準備進行實際執行流程時，也決定由我負責念出流程、協調，並且將每個步驟回報給任務管控中心，而南希負責監督與協助。在關鍵的步驟上，我會在發出指令之前，與南希進行二次確認。吉姆負責控制氣閥艙門的開關面板以及約翰的太空衣。這是關鍵的工作，必須正確執行，才能保護約翰。負責擔任第二對眼睛以及第二顆腦袋、監督吉姆的隊友是綽號「挖掘機」（Digger）的杜安・凱瑞（Duane Carey）。雖然他不是太空漫步者，卻有充分的能力檢查每次行動，確保吉姆處理正確的開關、閂閥，或者是太空衣的零件。史考特則是監督我們所有的行動。

哦……還有約翰的太空漫步夥伴瑞克。可憐的瑞克只能穿著太空衣，困在氣閥艙門中，無趣地等待，聽著我們的行動。我們時不時會確定他還有呼吸。他的情況很好。

經過循序漸進且有條理地完成每個步驟，我們得以讓約翰安全地脫下太空衣。從這裡開始，我們的工作就變得非常單純。吉姆．紐曼和約翰．格倫斯菲爾德的胸圍相同，但手腳尺寸不同，所以我們只需要拆下約翰太空衣上的手部和腳步零件，裝在吉姆的太空衣和攜帶式生命維持系統上。但用說的，當然比實際做更簡單。最困難的步驟就是更換手臂，我們必須拆下吉姆那件好太空衣上的雙臂密封環，確保我們裝上約翰太空衣身上取下的雙臂時，能夠良好地連結與密封。如果這個步驟出錯，可能會帶來災難性的後果。我們正要將一個人送到太空中，要求他將自己的生命託付給一件並未經過安全檢測的太空衣。

我們當天的飛行任務進度已經嚴重落後了，但我們依然不會倉促行事。我們放慢速度，比喬．羅皮克羅更慢。我們派兩個人負責確認檢查清單：我和南希；另外兩個人處理太空衣的組裝：吉姆負責安裝，而約翰（脫下太空衣之後，能夠一起幫忙）監督吉姆，既然是約翰的屁股要進入太空衣，讓他參與太空衣的組裝才是正確的安排。

太空衣的重新組裝完成，經過三次確認之後，是時候重新協助約翰穿上他的新太空衣，準備進行太空漫步任務。約翰再度進入太空衣，我們啟動太空衣，並且確保新的太空衣功能正常。吉姆和我一起三度確保太空衣沒有洩漏縫隙，包括漏水和漏氣壓。我們檢查水是否洩漏，因為這是稍早才發生的事件；我們檢查氣壓是否洩漏，則是因為我們將新的零件裝在太空衣上，希望確保所有的零件都是完美地密封。情況很好，沒有水洩漏、沒有氣壓洩漏，太空衣已經準備就緒。我向約翰比了大拇指。他對著我點頭微笑。我們關閉內部氣閥艙門，進行氣閥艙門區的洩壓。約翰開門，進入太空，安全地穿著新的太空衣，太空漫步任務終於開始進行——比預定時間晚了兩個小時。

我們仍舊不能為了彌補時間而倉促行事。我們保持相同的緩慢謹慎步調。猜猜看結果如何？安裝新的動力控制單位不只成功了，而且在那次飛行任務進行的五次太空漫步中，這次太空漫步的時間最短，甚至是唯一一次完成時間少於七個小時的。幾乎可以說約翰的太空衣問題強化了我們對於虎特法則的認識，也讓我們能夠如此有效率地處理這個高風險的太空漫步任務。

藉由避免在大問題發生之後讓事情變得更糟糕，並且放慢腳步，讓速度變得更快，以及使用兩個人來檢查每次關鍵的行動，我們那天才得以成功完成任務。哈伯望遠鏡完成「心臟移植」，我們增加了望遠鏡的壽命，讓它可以揭露宇宙的更多祕密。我們的任務大幅地提高哈伯望遠鏡的探索潛力，也創造了後來的諾貝爾物理學獎得主：他們使用我們在太空漫步時安裝的儀器與設備，發現了暗能量（Dark Energy）——一切都是因為我們並未讓惡劣的情況變得更糟糕。

現在，我將虎特法則用於居家生活。我最近在修理浴室牆上的淋浴控制器時，不小心讓一塊零件掉落在牆壁後方。我一開始的想法是盡快取出那塊零件，但這個舉動有可能造成淋浴牆承受更大的損害。我想起虎特法則，放慢腳步，評估眼前的情況。最後，我承認當初修理時犯下一個愚蠢的錯誤，決定讓那塊遺失的零件留在牆壁裡，前往五金行購買了新的零件。隨後，我重新開始修理時，特別小心不要再讓新的零件掉落在牆中，也成功完成了修理。

當我的兒子在海灘上被水母螫的時候，虎特法則再次拯救了我。我倉促地抱著他衝向租來的汽車，準備帶他去醫院，我將他放在汽車後座，跳上車，準備開車。但那部汽車卻無法發動。就在那個時候，我才發現自己抱著兒子上錯車了，那臺車只是剛好沒鎖門。我現在又多了一個問題，我要找到自己租來的汽車，再抱著我兒子前往那部汽車，才能讓他獲得醫療照顧。

釐清情況之後，我明白自己的倉促反而造成更多的時間損失。握著正確的汽車方向盤時，我認為粗心慌亂地前往就醫，可能會導致更嚴重的問題。現在的情況不會造成生命危險——我的兒子沒事，雖然被螫的地方很痛——但如果我在駕駛時慌張失措，造成交通意外，情況只會變得更糟糕。所以我盡快駕車前往就醫，但讓車速維持在合理的範圍，同時保持警戒，不要讓現在的情況變得更糟糕。後來我的兒子獲得了他需要的照顧，他現在依然非常健康。

因此，面對看起來絕望、似乎不能更糟糕的情況時，請記得：你真的有可能讓事情變得更嚴重。避免讓這種事情發生，我建議採取以下步驟：

★請記得虎特法則。思考如果你犯下另外一個錯誤時，事情會如何變得更糟糕，不要在倉促嘗試解決第一個問題時，導致第二個問題出現。

★ 請記得喬．羅皮克羅。放慢腳步，拒絕過快行動的誘惑。

★ 對於重要的修正行動，如果可以，請第二個人幫忙，確保你的行動不會導致情況變得更糟糕。

無論是在職場上思考問題、修理家中漏水的馬桶，或者想避免開車前往岳父母家迷路時，請使用以上的規則，讓你和你的團隊有機會解決問題，而且不會讓已經非常艱困的情況變得更為嚴重。

Chapter 6

領導的第一法則

欣賞並且在乎團隊中的每個成員。

我在航太總署的第一個秋天，「沙丁魚班」的成員擠入南四號大樓一樓的教室，準備聆聽一場演講。在那年的課程中，太空計畫幾位傑出人士來分享他們的經驗，向我們提供建議，協助我們融入航太總署的大家庭。尼爾．阿姆斯壯當然是其中最知名的，以及哈里森．「傑克」．舒密特（Harrison "Jack" Schmitt），阿波羅十七號的月球漫步者，一位地質學家，也是唯一一位在月球表面留下足跡的非測試飛行員。還有尤金．「金」．克蘭茲（Eugene "Gene" Kranz），阿波羅十一號任務的傳奇飛行指導人，演員艾德．哈里斯（Ed Harris）在電影《阿波羅十三號》（*Apollo 13*）中說出「失敗不是一個選項」的時刻，也讓克蘭茲的領導風采聲名大噪。

那一天，站在教室前方，穿著休閒運動外套、沒有繫上領帶、身材依然保持苗條精實的演講人，是六十五歲的艾倫．賓（Alan Bean），第四個在月球表面行走的人。雖然艾倫的知名度永遠比不上其他太空人，但他擁有傳奇的職業生涯。他曾經是一位海軍測試飛行員，在一九六三年時獲選為太空人，在一九六九年參與阿波羅十二號飛行任務，並且在一九七三年時曾經登上天空實驗室（Skylab），於太空中居住了兩個月。從他開口的那個瞬間，我就知道他的演講絕對不是陳腔濫調。毫無疑問地，那是我從任何人身上聽到的最佳演講，足以改變人的一生。

我們走進教室，坐下，艾倫環顧四方看著我們微笑。「哦，天啊。」他說：「我可以從你們的眼裡看見。我可以看見那道火焰、那股熱情，就像我和我的太空人同學們剛開始一樣。永遠不要讓那股熱情消失。」隨後，艾倫開始講述事前準備好的內容，但不是讓我們知道他人生的精彩與成就，他說，他想做的是，告訴我們他做錯的一切——那些阻礙他職業生涯發展的錯誤。「我是全班最晚開始飛行的。」他說，「不是任何人的錯，而是我自己的責任。你們當中也會有一個人是這個班級最晚開始飛行的——最晚開始飛行沒有關係——但我希望告訴你們，我犯了什麼錯，也許你們就不會和我犯下相同的錯誤。」

我的注意力被他吸引了。我不想犯下任何錯誤。

艾倫隨後開始講述一個故事，關於那天他在登月小艇模擬器（Lunar Module Simulator）中與他的指揮官皮特．康拉德（Charles "Pete" Conrad）一起練習登月。艾倫當時還是一位太空飛行的菜鳥，而皮特已經有兩次太空飛行經驗。在休息期間，艾倫隨意地提起自己和一位被派來協助這次任務的工程師有些不合。那位工程師的想法很瘋狂，艾倫就是非常不喜歡他，認為那個工程師應該離開團隊。

皮特看著他說：「也許你才是那個應該離開團隊的人。如果在阿波羅計畫中工作的四十萬人都用和你我一樣的方式思考，我們永遠沒有辦法抵達月球。為了完成如此有挑戰性的目標，我們需要思維和工作方式不同的人，只是因為你不喜歡某個人，不代表他們不是團隊中的珍貴成員。」隨後，皮特直率地告訴艾倫，「關於如何成為一位領袖以及良好的隊友，你還有很多需要學習的事情。」

艾倫變得很有防備心，他說自己非常明白領導和團隊合作。

「你根本不知道成為良好團隊領袖的第一法則。」皮特說。

「我當然知道。」艾倫回答。

「好，那是什麼？」皮特問。

「這個……」艾倫笨拙地說，「專注於任務。」

「不，不是。」

「好吧，支持你的指揮官。」

「也不是。」

「好吧，那……究竟是什麼？」艾倫脫口而出，他開始生氣而且有點困窘。

「**領導的第一法則，是找到欣賞並且在乎所有團隊成員的方法**。」皮特說，「如果你真的想要成為一位偉大的領袖，你最好學會這件事。」

艾倫覺得皮特瘋了。艾倫指出，在阿波羅計畫任何一場典型的會議中，都會有大約三十個人參與。坐在前面的十個人積極投入，提出有用的意見。還有坐在中間的約十五個人，他們說得不多，你根本不知道他們在想什麼。「但是，」艾倫補充道，「永遠都會有三、四個人坐在後面。每次會議快要結束時，這些人就會提出一個全新的主題。彷彿他們根本沒有在聽會議討論的任何事情，他們只是想要隨便討論一些無稽之談。根本沒有辦法欣賞他們！」

「這就是你的問題。」皮特說，「你還沒有找到方法欣賞他們。」

聽在艾倫的耳中，這些話很傷人，也在往後的日子之中，讓艾倫和皮特的關係有些緊張。後來，艾倫終於對此有更多的想法。他開始觀察其他的太空人，例如詹姆斯．「吉姆」．麥克迪維特（James "Jim" McDivitt）。每個人都會專心傾聽吉姆・麥克迪維特。艾倫認為，吉姆的想法其實並非總是和其他太空人的想法一樣優秀，但是團隊無論如何都會注意聆聽。當坐在會議室後方那三、四個麻煩人物的其中之一說話時，吉姆永遠都會知道他們的名字，而且會用尊重其他人的方式對待他們。或許正是因為如此，吉姆從來不曾和艾倫一樣，與自己的隊員產生摩擦。

「也許皮特是對的。」艾倫開始思考，並花了一些時間才開始改變。他之所以是阿波羅太空人班裡面最後一個開始飛行的人，這件事情也占了很大的因素。但是，等到艾倫成為天空實驗室的指揮官時，皮特・康拉德的建議改變了他的世界。艾倫已經學會欣賞並且在乎團隊的所有成員，因此，時至今日，人們都記得艾倫是太空人辦公室之中最偉大的其中一位領袖。

好的領袖必須嘗試理解你的成員

在那之前的人生中，我很少主動挺身而出想要成為任何一種領袖。我喜歡成為領導團隊的一分子，但我從來不曾追求領導地位。無論是在高中時的初級籃球校隊（JV Basketball Team，由低年級的成員組成，作為高年級主力球員的預備軍）、與航太總署太空人候選者班級的同學一起進行戶外生存訓練，甚至是孩子們參加棒球小聯盟時的教練工作，我通常都是第二把交椅，擔任聯合隊長、助理教練、副主席，也就是在領袖人物背後的那個人物。那個位置讓我覺得很自在。我喜歡處於事物的核心，團結整個隊伍，讓每個人對於我們當天從事的活動感到興奮，無論那個活動是什麼；但是，擔任領頭羊，站在所有人的前方，負責指揮，則是從來不曾讓我覺得舒適。

從後見之明來看，我知道自己之所以如此，是因為我想要被每個人喜歡。大家都喜歡二號人物：他會幫助你、支持你，但他不會是那個讓你坐板凳的人。二號人物不是那個拒絕幫你加薪，或告訴你沒能升職壞消息的老闆。領導者是爭議的焦點。領導者必須做出可能會讓人惱火的艱難決定，還要在決策的餘波蕩漾之中，保持團隊的團結齊心。我從來都不喜歡擔任領導者，但我明白，如果我想要在航太總署成功，我必須學習如何領導。

聽完艾倫．賓的演講之後，我發誓要將他的建議銘記於心，我也確實做到了。我特別用心觀察周圍的偉大領袖。太空人辦公室的長官，例如羅伯特・「鮑伯」・卡巴納（Robert "Bob" Cabana）、肯特・「羅明爾」・羅明傑（Kent "Rommel" Rominger），以及查理・普勒科特（Charlie Precourt）、飛行隊員行動（Flight Crew Operation）的主管布蘭特・傑特（Brent Jett）、我在STS-109任務的指揮官史考特・歐特曼，以及其他的領袖。他們所有人的領導風格與個性截然不同，但都有一個共同特質——他們會花時間認識自己負責指揮的每個人。他們知道所有為了任務付出的人們姓名，從支援工程師到教官，以及指揮鏈上下的所有人。他們也會確保每個人知道自己獲得何其的感謝。

艾倫・賓也預期在我們職業生涯的某個階段，我和我的太空人同學將會被要求達成不可能的目標。艾倫表示，當他們被指派完成登月任務時，他也有相同的感受。起初，他們認為那個目標是不可能達成的。但是，透過良好的領導能力來鼓勵一個多元的團隊，讓每個人都能表達自己的聲音、討論那個挑戰，他們發現到目標或許並非不可能。只需要多元的想法與觀念，以團隊的方式解決問題。我想成為艾倫描述的那種領導者，如此一來，當我被要求完成不可能的任務時，我就有能力領導一個團隊達成使命。

多年過去，我開始擔任愈來愈多的領導角色。一開始是在小型的團隊，最後則是重大的任務，例如在我第二次前往哈伯望遠鏡的任務中，必須修復太空望遠鏡影像攝譜儀（Space Telescope Imaging Spectrograph，STIS）。修復太空望遠鏡影像攝譜儀，是人類有史以來所嘗試最複雜的太空漫步任務。我們需要新的觀念、新的流程，以及開發超過一百個新型工具。身為這次修復任務的太空漫步領導者，我有機會實踐從艾倫和其他偉大領袖身上學會的一切。

我們擁有一群敬業投入的工程師共同處理這個任務，他們來自航太總署的各個中心以及全國各地的支援承包商。這個團隊代表不同背景和經驗的多元結合。然而，與思想、性格各自有別的龐大團隊合作，有時候非常有挑戰性。我必須拿出自己最好的「艾倫．賓表現」，特別是面對其中一位工程師時——我將稱他為「山姆」（Sam）。很多時候，山姆的建議就是非常不合理。我經常覺得所有人都在齊心協力、目標一致，但山姆在想自己的事情。通常，無論山姆說什麼，就會立刻被空間中的成員打發。「呃，好的……很棒的想法，山姆，也許我們可以討論看看。總之，讓我們繼續討論……」我忘了自己從艾倫身上學到的一切，也曾經短暫地準備完全放棄他。但在內心深處，我知道身為團隊領袖，我的責任就是讓這個情況可以成功好轉。於是，在隨後的幾個月，我強迫自己記得領導的第一法則：找到方法欣賞並且在乎團隊的所有成員。

於是我坐下，試著像艾倫．賓一樣思考，想要找到協助山姆和團隊成員相處融洽的方法。我想起艾倫對於領導第一法則的補充：如果你和某個人有問題，不要認為那是「我不喜歡他們」，應該是「我不夠了解他們」。**花時間更深入地理解他們，直到你發現可以欣賞他們的地方**。藉此，團隊能夠更為強大。

我特別努力嘗試認識山姆。我在會議之後和山姆談談；我也會特別找山姆，個別徵詢他的意見，而不是在團體會議中如此。我發現山姆是個非常聰明的老兄，他有工程學的高等學位，而且和我一樣，從童年時期就一直夢想著加入太空計畫。

然而，山姆讓我最驚訝的地方在於，他非常投入自己的工作和我們的任務。他的生活和呼吸都是為了這個工作。他沒興趣變得受歡迎。他唯一有興趣的事情，是讓我們獲得最好的成功機會，這代表他極度專注於解決技術問題。

這種特質可能付出的代價，就是他沒有餘力應對會議時應有的禮節。

開始仔細聆聽他說話之後，我發現他有很多想法真是太棒了。針對我們應該採用的不同工具以及不同技術，他有非常聰明的觀點。問題是，他不知道要用什麼方法，或者在什麼時候表達那些觀點，而團隊的其他成員很容易無視他所說的任何事情。這個現象代表我們可能會損失潛在的珍貴想法。

因此，我再度做了艾倫．賓和皮特．康拉德會做的事情——更為頻繁地與山姆接觸。在訓練期間，我向山姆展現更多的尊重；在會議簡報時，我會詢問並且強調他的想法；我也嘗試讓團隊放輕鬆，讓他們可以透過社交互相了解。在本周中性浮力實驗室的訓練結束之後，我提議團隊成員一起外出，小酌幾杯。我們需要在工作之外的場所了解彼此，開闢溝通與連結的新道路。

到最後，上述的所有事情都對團隊非常有幫助。所有人都明白，每個人都能提供自己的幫助，也許某些被放棄的獨特想法其實比我們想像得更好，也會成為任務成功的關鍵。我們設計拆除太空望遠鏡影像攝譜儀的策略時，山姆認為我們即將採用的方法很難取出動力供應卡，他也設計了這個問題的解決方案。他第一次提出這個觀點時，我們保持懷疑，但最後證明山姆是對的。他的想法確實有用。他不像我，不像其他的太空人，也不像團隊的其他工程師，這個事實讓他變得更為珍貴，因為他讓我們所有人都能夠從他的獨特觀點中學習。我最後非常感謝他加入了我們的團隊。從我起步的地方開始到那裡，要走過漫長的道路，但感謝艾倫的建議，我才能達到這個地步，成為一位更好的領導者。

經過這次和其他的領導經驗之後，我開始發展我自己對於領導第一法則的補充條款——我稱之為「好想法銀行」。幫助我與山姆相處的訣竅在於，藉由認識他、理解他的價值。我也明白我們有相同的優先目標與夢想，例如相同的兒時目標，以及都專心致志於拯救哈伯望遠鏡。我收好這些好想法，存在我的「銀行」中，在有需要時取用。

因為我確實需要那些想法。團隊合作與率領團隊的挑戰不會在一夜之間不可思議地消失。將來當我率領任何一個團隊，或者與團隊合作時，還是會遇到溝通問題，依然會有完全整合團隊的難題。但每次問題浮現時，由於我已經將對於每個團隊成員的好想法存在「好想法銀行」，我得以提醒自己記得，即使有這些挑戰，為什麼我依然喜歡與人們合作。與其覺得厭煩，心想：「哦，又來了！」我則是告訴自己：「這個人是一位聰明而且專心致志的工程師，他的本意永遠都是好的，所以試著理解為什麼他們無法妥善地溝通。讓我協助他們精鍊對於團隊的想法。」藉由這個方式，我可以用正面的心態處理所有問題，永遠都能找到解決問題的方法，而不是變得悲觀，舉起白旗投降。

維持關於同事和其他人的「好想法銀行」，並非「讓我們手牽手，假裝所有人都很棒，一切都很好」的心態，而是恰好相反。這種心態承認團隊的每個成員都有缺點，每個人都會不同意彼此，或者在某個時刻讓另外一個人失望；我們都會犯錯；我們會說出違心之論；我們會因為今天過得不順利而變得容易生氣。身為團隊領袖，你必須處理這些問題，但在你處理之前，請先造訪「好想法銀行」。想起那位冒犯他人的隊員在過去做的好事，思考為什麼你在乎而且欣賞他們，以及他們為什麼是團隊中重要的一分子。先在腦海中放入一個好想法，再解決問題，如此一來可以引導你用有建設性的正面方式解決問題。

反過來說，讓關於隊員的壞想法驅使你的決策，可能會造成無法修復的傷害。如果你永遠對人們懷抱負面的假設、如果你將簡單的錯誤歸咎於不良的動機、如果你相信每個人最糟糕的日子就是他們一直以來的模樣，那幾乎注定會失敗。無論你身處何種情境，這種心態都不會帶來正面的結果，絕對不能這麼做。倘若你這麼做，你腦海中最糟糕的預想，就會成為自我實現的預言。

因此，為了幫助你遵守領導的第一法則，永遠都要先拜訪好想法銀行。在任何需要的時候，你都可以拜訪好想法銀行。也許有一位隊員做了你不喜歡的事情；也許有一位同仁在解決一個老問題時，導致了另外一個問題。無論情況為何，只要你發現自己對那個人產生了反感，請立刻阻止自己。不要深究壞想法。**找出負面的想法，用正面的想法取代**。思考你的同事、你的配偶，或者你的孩子曾經為你做過的一件好事，或是他們擁有的一個良好特質。在負面的想法傷害一段人際關係、拖累團隊，以及毀了完美的一天之前，處理相關的問題。在我們的個人與職業生活中，那些人永遠都有許多值得在乎與欣賞之處。請記得，那就是他們成為我們生活一部分的原因。

將所有合作對象視為你的團隊成員

時至今日，在我的後航太總署人生中，只要是有需要的時刻或有需要的場合，我都會努力應用艾倫·賓的領導第一法則。我經常旅行，在美國各地參加演講與講座，而我永遠都會將各個地點提供協助的人們視為我的團隊一分子。活動的策畫人、影音技術人員、資訊科技人員及攝影師——他們全部都是我的隊友，而我是團隊的實質領袖，即使只有幾個小時。我總是會努力向他們表達我有多麼感謝他們的協助，我應用了自己過去學到的啟示，而他們的回應也永遠都是拿出最好的表現，讓我可以完成一場成功的演講。即使你只是與某個人有一、兩個小時的交會，向他們展現你的在乎以及你對他們能力的欣賞，也能夠發揮良久的效果。

我也在自己的學術新角色中應用艾倫的建議。我在哥倫比亞大學教授大學生和研究生諸如「載人太空飛行導論」、「航太人因工程」，以及「工程的藝術」等課程。我也是哥倫比亞大學太空社團「哥倫比亞太空計畫」的指導老師。我希望能夠從一開始就認識每位學生，於是請他們填寫問卷，詢問他們的學術和職業生涯發展興趣，以及他們為什麼有興趣選修我的課程。我將每位學生視為我所領導的團隊成員，竭盡所能尋找可以與他們建立連結的方法，以協助他們追求自己的興趣與夢想。

為了教導這些原則，我在每門課都會指定團體作業，而且可能會很有挑戰性。學生不只要精通課程的內容，還要學會如何合作追求成功、安排自己的個人行程、投入於團隊，以及成功完成作業計畫。我努力鼓勵他們找到成為好隊友與好領導者的方法。團隊合作如果失敗，他們在課程中的學習和進度也會受到影響。當我看見這種情況，我會告訴他們我在航太總署那些年學到的領導知識以及如何成為一位好團隊成員。我告訴他們，我在哥倫比亞教導和提供的知識，其中一個基礎就是我從第四位踏上月球的人類身上學會的，關於團隊合作，而且可以改變一生的啟示。

艾倫．賓對於領導和團隊合作的啟示確實改變了我的人生。從他在我的太空人班級進行第一次演講之後，多年來，我和艾倫以及他的妻子蕾斯利（Lesile）變得很要好。我會拜訪他的家庭工作室，通常也會帶著其中一位孩子前去吸收艾倫的智慧。我最後一次聽艾倫的演講是在二〇一七年的太空人同學會，那個時候，他向新進的太空人候選者班級演講，講述我在二十年前傾聽的相同故事與洞見。

演講之後，蕾斯利．賓走到我面前說：「麥克，我想請你幫忙。」

「沒問題。」我說，「請說。」

「你願意在艾倫的追思會上致詞嗎？」

我的心一沉。「蕾斯利，」我說，「妳有什麼事情沒有告訴我嗎？艾倫還好嗎？」

「哦，他很好。他沒事。」她說，「但是，他愈來愈老了，我們想要在他的腦袋還清醒時，提前計畫追思會。」

我告訴蕾斯利，無論她要我做什麼，我都會覺得很榮幸，但我希望要等到很久、很久以後才做這件事。不到一年之後，二〇一八年五月二十五日，我接到了那通電話。在一趟旅行回家的兩周之後，艾倫的健康狀況快速惡化，必須入院，他在隔天清晨過世。我遵守了對蕾斯利的承諾，在休士頓的艾倫追思會上致詞，分享艾倫對我的人生帶來的重大影響。隨後，在艾靈頓國家墓園的葬禮上，艾倫將會長眠在他的阿波羅十二號隊員皮特・康拉德以及迪克・高登（Dick Gordon）身邊，蕾斯利請我擔任其中一位抬棺人。我告訴她，我願意。那是我人生最重要的榮幸之一。

我童年時期的眾多英雄，其中依然活在這個星球上，而且健康狀況足以前來此地的人們，便是我身旁的抬棺人，包括阿波羅十一號的麥可・柯林斯（Michael Collins）、巴茲・艾德林、阿波羅七號的華特・康尼翰（Walt Cunningham）、阿波羅八號的比爾・安德斯（Bill Anders）、來自阿波羅十六號的查理・杜克（Charlie Duke）和肯・馬丁利（Kent Mattingly）、天空實驗室三號的傑克・羅斯馬（Jack Lousma），還有阿波羅十三號的弗萊德・海斯（Fred Haise）。這些太空探索的傳奇人物已是八十下旬或九十上旬高齡，正在走向有史以來最傳奇人生的最終軌道。我和他們站在墓園旁邊，回想與艾倫共度的時光，以及他多年來和我分享的種種一切。

我下定決心，我必須講述他的智慧，不只傳承給未來的太空人，還要傳給任何願意傾聽與學習的人，我很榮幸能夠與本書的所有讀者分享他最寶貴的其中一個建議。

你是否曾經有過一種老闆或領導者，他們完全不在乎你，只在乎你能夠替他們做什麼？我有。我完全沒有動力幫助他們，而且永遠都會質疑他們的動機。你又是否曾經有過一種老闆或領導者，他們珍惜而且欣賞你的能力？我也有，我願意為了他們做任何事情，無論是在我們合作的時候，或是在那之後。而這種關係會維持一輩子。

你想要成為哪一種隊友或領導者？如果你希望人們支持你，就應該找到方法欣賞並且在乎團隊的每一位成員。

所有領袖都不同，每個人都應該努力找到最適合自己的領導風格。但是，無論個人的特質如何展現，領導的第一法則適用於我們所有人。因此，請記得：

★如果你希望成為一位優秀的領導者、隊友、家庭成員、配偶、伴侶、家長、教練、社群成員，或者只是更好的人，找到方法在乎並且欣賞身邊的每個人。

★如果你遇見了一個人，對他有不好的第一印象，先不要草率下定論。如果你認為自己不喜歡團隊中的某個人，提醒自己，也許你只是還不夠理解他們。試著尋找共同點，慢慢花時間並努力尋找你在那個人身上在乎而且欣賞的地方。

★你仍然會遇到各種問題。因此，仔細瀏覽團隊名單中的每位成員，思考每個人的正面特質，將那些正面特質存放在「好想法銀行」。在你必須解決某位團隊成員的問題之前，從「好想法銀行」中提取那些好想法。在解決艱難且負面的問題之前，提醒自己記得那個人的優點，以及你為什麼喜歡他們待在你身邊。讓那位團隊成員知道，無論你們有什麼問題，首先且最重要的，就是你在乎並且欣賞他們。這麼做，就能讓解決問題本身變得更簡單。

不是每個人都是天生的領袖。事實上，大部分的人都不是。我以前也不是，這仍然是我每天努力的方向。但我會呼喚偉大的朋友艾倫・賓之靈來引領我做到。倘若你對於成為一位偉大領袖和隊友的最優先重要法則有所疑惑，請記得他的名字並且遵守他傳授的規則。

Chapter 7

休士頓，我們有麻煩了

聯絡任務管控中心，並且成為其他人的任務管控中心。

完成我的第一次飛行任務STS-109之後，我被指派擔任我認為太空人在地面時最好的工作——擔任太空飛行器通訊官。感謝《阿波羅十三號》等電影，每個人都認識了「休士頓」（Houston），所謂的任務管控中心，也就是龐大而且保持警覺的地面部隊，隨時準備支援與協助正在上方太空飛行的太空人。每個人都知道，只要太空人遇到後勤問題，休士頓隨時待命，但比較少人知道太空飛行器通訊官的角色。

太空飛行器通訊官是坐在任務管控中心飛行指導員旁邊的太空人，負責直接與任務隊員通訊，傳達來自地面部隊的指示、更新及協助。太空飛行器通訊官的英文縮寫CAPCOM，起源於「太空艙通訊官」（Capsule Communicator），因為在水星任務的時代，我們依然將太空船稱為「太空艙」。但除了單純地轉達技術資訊之外，太空飛行器通訊官的主要工作其實就是支援太空人。在他們離家數百公里時，太空飛行器通訊官是他們在地球上可以依靠的肩膀，是他們的生命線。

人們總是會問我在太空有多酷。在無重力的環境中飄浮，環顧四周的月球與星辰，真的非常酷；但在太空也可以是極度的孤獨。有時候不只是孤獨，而是一種動搖生命存在的恐懼。當你在太空梭外進行太空漫步任務，在那個時刻，你和你的夥伴是在太陽系——而就我們所知，也是銀河系、甚至整個宇宙中，唯二處於太空真空區域的生命體。在那種時刻，你不只需要將你連結至太空梭的安全繫繩，你還要一條情感的繫繩，讓你與其他的人類有所連結。那就是太空飛行器通訊官為你所做的。太空飛行器通訊官是你耳中的聲音，隨時準備讓你保持穩定，無論你在做什麼，他們都會支持你。他們在每個步驟牽著你的手，告訴你時間規畫的改變、協助處理任務工作流程，以及扮演你和地面飛行管控團隊數十位成員之間的聯絡人。但你的太空飛行器通訊官不只是為了協助任務，他們也會向你傳達來自家鄉的重要消息，無論是好是壞。他們會告訴你，你的孩子通過拼字測驗，或者紐約大都會在九局下被逆轉（又被逆轉了）。在關鍵時刻，他們可能是你唯一的情感支持。

太空人從早期就會開始訓練良好的溝通技巧，並理解其重要性。只要我們進行任務模擬訓練，即使位在任務管控中心的管控團隊以及待在模擬器中的太空人，兩個地點所在的大樓位置非常接近，訓練團隊仍會讓我們覺得自己正在從太空進行通訊。通訊系統中加入了人造的時間延遲，加上暫時的通訊中斷、靜電干擾，以及我們所說的「間歇性斷訊」或「模糊不清」的通訊問題。我們刻意增加溝通的難度，如此就可以學習在有通訊難度時，如何遠距離分享關鍵和能夠拯救生命的資訊。但重點不只是為了技術問題而學習清晰溝通的流程與適當的方法。他們刻意讓通訊訊號斷斷續續，所以你可以理解通訊有多麼珍貴、你多麼需要它，以及失去它會有什麼感受。

在STS-109任務之後，我終於有機會擔任太空飛行器通訊官。一般而言，你必須先有飛行經驗，才能獲派擔任這個職位。這個要求很合理，背後的思維是，一位太空飛行器通訊官如果知道待在太空的感受，可以做得更好、更有力地支持待在太空的同仁。你也必須要有在太空中仰賴過太空飛行器通訊官提供情感支持的經驗，才能夠理解它的重要性，以及如何在有需要的時候提供支持。在往後的歲月中，我有幸在眾多任務以及無數次的模擬訓練中，擔任任務管控中心的太空飛行器通訊官。我的首要目標是確保隊員知道，休士頓正在照顧他們，不只是他們的技術任務，也會在個人與情感上提供支援。

每一次的太空飛行器通訊官任務都非常重要，但無庸置疑，我最重要的輪值經驗，是在哥倫比亞號的意外事故之後。當時的情況讓所有人在各方面都非常耗費心力。與此同時，我們還有三個夥伴住在國際太空站——他們因為這次意外失去了回家的機會，所有飛向國際太空站的太空梭都被即刻暫停任務。太空人唐・派提特（Don Pettit）和綽號「襪子」（Sox）的肯・鮑威薩克斯（Ken Bowersox）還在國際太空站，與俄羅斯太空人（Cosmonaut）尼古拉・布達林（Nikolai Budarin）一起。襪子是一位擁有五次太空飛行任務經驗的老將，也是我最尊重與敬愛的其中一位同仁，而唐是我的太空人訓練班同學，也是我最好的朋友之一。當休士頓汲汲營營於處理數百個其他問題時，太空人們也要面對一個真正的大問題。我知道唐當時特別難過，因為他和在哥倫比亞意外事故中喪生的威利・麥庫爾（Willie McCool）是如此要好的朋友。唐發明了可以在無重力環境下遊玩的西洋棋，使用平坦的旗子，用魔鬼氈固定在棋盤上。他和威利會在太空中下棋，在國際太空站和太空梭之間來回用電子郵件傳達棋步。

雖然太空人辦公室、任務管控中心，以及所有的航太總署成員都在專注處理意外事故和後續問題，我們也需要繼續支持待在國際太空站上的同仁。我們必須找到如何讓他們回家的方法，保證一定會帶他們回家，還要時時刻刻準備支持他們，直到我們讓他們回家。

那些職責大多都落在太空飛行器通訊官身上。最後，我們用俄羅斯聯盟號（Soyuz）太空飛行器作為救生艇接他們回來，但在當時我們不知道這件事情能不能成功、何時能夠成功，或者要如何成功。就當時而言，他們擱淺、失聯，而且憂心忡忡。在哥倫比亞號意外事故之後，他們留在地球軌道的那幾個星期，我數次被指派擔任他們的太空飛行器通訊官。

我竭盡所能地頻繁詢問他們的情況，讓他們知道我們正在做什麼來支持他們，並且回答他們所有問題。我和他們保持聯繫、聊天，讓他們知道地面的最新狀況，他們的家人如何，以及帶他們回家的進度。我確保他們知道，無論他們需要什麼，我們都會支持。如果需要幾分鐘的時間找到答案，我也會向他們更新消息，所以他們可以知道，我們不會忘記他們。

但是，我能夠理解他們必須承受的強烈孤獨感，所以我也明白自己必須做得比典型太空飛行器通訊官的職責更多。我經常前往唐的家，探望他的妻子米琪（Micki），還有他們的雙胞胎兒子，我也會擔任他們的太空飛行器通訊官。一天晚上，我過去接他們，帶著他們前往附近的開放區域，觀看國際太空站飛過上空。太空站進入視線時，看起來就像是日落之前，在暮光中迅速飛越的星辰。我們都在地球上對著唐揮手打招呼。我希望唐知道，當他承受極度的煎熬時，太空人辦公室的朋友正在竭盡所能地照顧他的家人。

幾個星期之後，我在一個星期六被指派擔任唐與襪子的太空飛行器通訊官。在國際太空站，星期六通常是用來了解工作進度、打掃太空站，以及放鬆的日子，非常接近太空人在地球的星期六。我們會走進家中車庫，進行家居修繕工程，或者從事自己的嗜好。我知道唐和襪子都喜歡這種周末計畫。無論何時，只要我在家中遇到機器問題，我就會打電話給唐。他曾經修復過我家的空調外洩、幫助我修理烤肉架的火爐，甚至協助我兒子進行男幼童軍松木車的最後收尾。

那個星期六，我到任務管控中心擔任太空飛行器通訊官時，我認為安排一項家居空間修繕計畫會是正確的選擇，能夠讓唐與襪子有回到家的感覺。國際太空站裡面有一個零件預定要進行維修，不是很重要的問題，我想應該是冷卻風扇或者類似的零件。但在一切都顯得不正常的時刻，我知道對於我的朋友們來說，這個維修活動正是周六下午所需的完美家務活，所以，我告訴他們，我會協助他們處理。我們一起完成了維修過程，拆下零件、測試零件，並且裝回原本的位置。在那段時間，我們有說有笑地討論在車庫裡處理各種不同雜務的每個星期六下午。我可以感受到他們的士氣高漲，他們過得很愉快。那不是國際太空站的重要任務，也不是太空科學的重大突破實驗。但這麼做讓生活變得正常，讓他們的思緒遠離孤獨以及一直都在感受的憂慮。維修完成後零件再度運轉時，唐和襪子聯絡任務管控中心，告訴大家，他們覺得自己就像在家中度過了這個下午，他們很高興，那是一次很棒的注意力轉移。

唐和襪子回到地球之後，他們謝謝我的支持，也表示他們有多麼感激。他們說，我的支持讓他們覺得地面的夥伴努力讓他們保持振作、我們一直都在想著他們，並且支持他們。這件事情讓他們有了信心，讓他們不會在最艱困的時刻感到孤獨。我感謝他們的讚美，聽見那些讚美的意義重大，但他們感謝的程度讓我有些驚訝，因為我認為自己只是做好分內工作。我知道唐・派提特與肯・鮑威薩克斯被困在國際太空站時，多麼需要聽到令人安慰的聲音。而六年之後，輪到我被困住了，但不是困在國際太空站，而是困在我自己造成的問題中，在那個時候，我也需要來自地球的生命線，協助我度過難關。

不要輕忽任何看似簡單的小事

構成哈伯天文望遠鏡的不同科學儀器全部都是模組化的獨立物品。它們必須是如此，它們被打造得很堅固，才能承受嚴格的太空發射與太空旅行，所以那些儀器本來就沒有設計可拆解。在過去所有的哈伯天文望遠鏡維修任務中，如果有任何一個儀器無法運作，無論原因是什麼，太空人只需要拆下現有的儀器，安裝全新品即可。我們將這種零件稱為「軌道更換型單位」（Orbital Replacement Units，ORU）。可以想像你擁有一臺冰箱，冰箱內部的燈泡壞掉了，但你不是更換燈泡，而是換掉整臺冰箱。典型的拆除與更換任務需要卸除連結器，使用標準工具鬆開螺栓，拆下老舊的軌道更換型單位，安裝新的上去並重新轉緊螺栓，以及重新配置連結器。以上就是所有的步驟，即便如此，依然相當具挑戰性。穿著太空衣進行精密儀器維修，就像戴著拳擊手套進行腦部外科手術，任何事情只要比更換老舊的軌道更換型單位更複雜，都會被視為過於耗費時間以及過於複雜。

在ＳＴＳ－１２５任務之前，航太總署從未嘗試過，甚至不曾想過於太空漫步任務期間，在太空中修復哈伯望遠鏡的其中一個儀器。拆開軌道更換型單位的保護外殼並且進入內部被視為不可能的，即使你可以進入儀器內部，內部的零件也過於複雜精細，無法操作或更換。儀器從未在無塵室之外的環境操作過，也必須在良好的光線條件以及操作人員處於理想姿勢的情況下，況且使用精密的儀器，還要有靈巧的操作能力。我們從來不曾考慮在不良的光線環境、受到限制的姿勢、被太空頭盔妨礙的視線，以及穿戴太空衣和手套造成的笨重條件之下，處理那些零件。

然而，動力供應異常導致太空望遠鏡影像攝譜儀不能運作。設備本身非常完好，只是無法啟動，但無法啟動就是一個大問題。太空望遠鏡影像攝譜儀是一個無與倫比的設備，能夠在紫外線、可見光，以及紅外線的波長範圍內進行測量。這個設備有能力尋找黑洞，以及分析繞行其他恆星的遙遠行星大氣層，尋找與地球相似的行星。若說太空望遠鏡影像攝譜儀是人類尋找宇宙其他生命的基石也不為過。

不幸的是，我們沒有太空望遠鏡影像攝譜儀的更換品，也沒有資金打造更換品，標準的模組更換方式是不可行的。但由於太空望遠鏡影像攝譜儀是如此重要的儀器，我們決定挑戰不可能。我們開始與工程團隊交換想法，開發一次太空漫步任務，在太空中拆下太空望遠鏡影像攝譜儀，拆除並且更換動力供應裝置，再裝回影像攝譜儀，讓它重獲新生。這個任務涉及製造超過一百種新工具，花費了數年的時間設計、測試和打造需要的硬體設備，以及計畫與演練。這個任務將是有史以來最複雜且最有挑戰性的太空漫步，而我被選為這次維修任務的首席太空漫步者。

由於太空梭計畫已經進入尾聲，我們所有人都明白，這是修復哈伯天文望遠鏡的最後一次、最好的一次，也是唯一的一次機會。不成功，便成仁，沒有任何失敗的空間。我用盡全力演練與研究，反覆練習所有的步驟。對於任何有可能出錯的問題，我們都做好了準備，並針對所有可能不會依照計畫發展的意外小事，設計了一層又一層的緊急應變措施。

這個任務最困難的部分，是拆除動力供應裝置前方的維修面板。這個面板使用一百一十一個小的螺絲固定，每個螺絲都有墊片，螺紋上面塗滿膠水，確保螺絲永遠不會鬆脫。我不認為自己曾經在沒有掉落或者遺失任何一個螺絲的情況下，成功組裝一個書櫃，但在這個任務中、在無重力環境中，戴著厚重的太空手套，我甚至不能讓任何一個螺絲或者墊片遠離我身邊。倘若如此，螺絲或墊片可能會飄到望遠鏡的光學部位。假設這種情況真的發生了，哈伯望遠鏡從此以後捕捉的每張圖片上面都會有一個螺絲的輪廓——不必多說，這是無法接受的結果。

相形之下，維修任務最簡單的部分則是，拆除太空人多年之前將影像攝譜儀安裝至哈伯望遠鏡時使用的扶杆。由於影像攝譜儀從來都不應該被打開，所以那個扶杆擋住了一百一十個小螺絲的其中幾個。但拆下扶杆毫無難度，扶杆用四個巨大的螺絲固定，兩個在上方，兩個在下方，使用標準的電動工具就能夠拆除。檢查清單上只有一行字：「拆除扶杆螺絲，四個。」花費時間不到三十秒。我們甚至沒有擬定備用程序。因為這個步驟如此單純，即使是我都不可能失敗。

至少我們當初是這麼想的。

幾年之前，在離開航太總署之後，我接到一通來自國際太空站太空人德魯．摩根（Drew Morgan）的電話（如果你接到一通電話，電話的區域碼是二八一，前三碼是二四四，請接起來，電話另一頭可能是國際太空站）。德魯即將在阿爾法磁譜儀（Alpha Magnetic Spectrometer）進行一次複雜的太空漫步任務，他打電話來，想要請我根據當初處理太空望遠鏡影像攝譜儀的經驗，給他一些建議。我告訴他，雖然他最擔心的可能是這次太空漫步任務中更有挑戰性的部分，但**絕對不應該低估或忽略他認為應該很簡單的環節**。簡單的細節還是可以造成問題，必須全神專注看待。

我會給德魯這個建議，因為在太空望遠鏡影像攝譜儀的太空漫步任務中，事情的發展並未符合我們的預期，我永遠感謝那天的太空飛行器通訊官是丹．伯班克，我的太空人訓練班同學，也是我最好的朋友之一。丹和我在太空人候選者訓練時期一拍即合。我個人認為，他是我們班上最好的其中一位太空人，也是航太總署選過最優秀的太空人之一。我們抵達航太總署的幾個月之後，我的父親被診斷罹患白血病，來到休士頓的一家醫院接受治療。父親的治療結果惡化，需要白血球細胞的捐贈者。在那個時候，捐贈白血球細胞的風險很高，可能會影響捐贈者的健康。我當然願意捐贈細胞救我的父親，但是太空人勢必要很在意自己的健康，因為健康情況可以影響我們進行太空飛行任務的資格。我當然不會期待其他人也願意捐贈，但是，丹自願捐贈。我將風險告訴他，即便風險很小，依然有風險。丹甚至沒有猶豫。他只是看著我，臉上露出善解人意的微笑，然後說：「好的，所以我們何時要捐贈？」那天下午，我們一起前往休士頓市中心的醫院提供自己的白血球細胞。

我當下非常好奇，究竟是什麼讓丹在幫助別人的時候能夠如此無懼慷慨。幾年之後，我才知道答案。在加入航太總署之前，丹曾經是海岸巡防隊的直升機駕駛員，負責拯救海上的落難者，通常也會飛入險境救人，就像賽巴斯欽・榮格（Sebastian Junger）的暢銷書《天搖地動》（*The Perfect Storm*）所描述的那樣。這本著作後來改編為賣座強片，由喬治・克隆尼和馬克・華伯格（Mark Wahlberg）主演。電影的故事焦點為一艘商業漁船在海上迷航，支線故事則是一艘私人帆船也被困在海上風暴之中。救援直升機的駕駛想要拯救那艘私人帆船時，因為風暴的關係無法加油，所以隊員只能在午夜時將直升機棄置海中，就在這個時刻，第二直升機隊被派入險境，拯救第一直升機隊，那是極度勇敢的行動。看過這部電影之後，我在下個星期一衝進辦公室找丹，詢問他那部電影的事情與真實程度。他說電影本身非常精確，雖然確實對於故事的真相稍微進行了改編。丹提到，第二直升機隊遇到的情況過於險峻，無法派出救援游泳隊（海浪高達九至十二公尺，風速則是超過一百節）。在救援的過程中，第二直升機最後使用機上的照明燈點亮救援區域，協助海岸巡守隊巡邏艇塔瑪羅雅號（Tamaroa）上的英雄進行救援。丹隨興地描述該次救援行動的細節時，顯然非常熟悉當初參與事件的人物發生了什麼事情。我詢問他為什麼如此清楚，他謙虛地說，他就是駕駛第二架直升機飛入險境的海岸巡守隊駕駛員，援助那些放棄第一架直升機的隊員。丹·伯班克就是這樣的人，在有需要的時候，你永遠可以仰賴他，一個願意賭上自己的生命幫助他人的人。

在任何時候，只要丹是我的太空飛行器通訊官，就會給我額外的信心。無論眼前有什麼麻煩等著我，無論是修復哈伯天文望遠鏡這種機器問題，還是我的太空衣出現威脅生命的情況，我知道丹都會在任務管控中心，確保我們會沒事。修復太空望遠鏡影像攝譜儀的日子到來時，我才明白，我比自己想像的更需要丹。我不只是在海上迷航，我在宇宙中迷航了。

修復太空望遠鏡影像攝譜儀的太空漫步任務剛好落在星期天，通常是負責哈伯望遠鏡的工程師休假日，但那天不是。如果發生任何類型的問題，我們已經準備好一條井然有序的溝通鏈。在任務管控中心，坐在丹・伯班克旁邊的是兩位極為傑出而且可靠的人物。第一位是我們的飛行指導員東尼・契卡西（Tony Ceccaci），而我們的首席艙外活動教官湯瑪斯・岡薩雷斯－托瑞斯（Tomas Gonzales-Torres）坐在丹和東尼後方的操作臺。在詹森太空中心任務管控中心後方的艙外活動討論室裡，負責支援湯瑪斯的人是克莉絲蒂・漢森（Christy Hansen），也是一位非常傑出的艙外活動教官。在休士頓任務管控中心後方的另外一個獨立房間是「哈伯望遠鏡支援房」，哈伯望遠鏡維修支援團隊在那裡，由吉姆・柯伯（Jim Corbo）領導，他是哈伯望遠鏡的系統管理員，從馬里蘭的戈達德太空飛行中心（the Goddard Space Flight Center）搭機前來休士頓。在戈達德負責支援柯伯的，則是太空望遠鏡運作管控中心（the Space Telescope Operations Control Center）的工程師詹姆斯・古柏（James Copper），還有機械反應小組的傑夫・羅丁（Jeff Rodin），羅丁在戈達德二十九號大樓的會議室視訊參與這次任務。

他們是每一位太空人夢寐以求的最佳團隊，所有人都與他們在美國各地的團隊做好了準備，在這個美麗的星期日下午，支援我們的太空漫步任務——我們在太空中，看不見他們任何人，我們只有太空飛行器通訊官丹·伯班克。飛行指導人東尼·契卡西會接收所有人的意見，制定最後的決策或者行動方針，而丹負責將決策傳達給軌道上的我們。我們只會直接和丹交談，我們會在耳機裡面聽見丹的聲音，也只會有丹的聲音。我們仰賴丹扮演我們的通訊官，讓我們獲得為了保持平安與成功完成目標所需要的幫助。

你是否曾經在工作時有過完美的一天？沒有任何問題、沒有任何狀況，只有乾淨俐落的出航？在那個大日子，我和太空漫步任務的夥伴，綽號「布艾諾」的麥克·古德一起離開氣壓艙門。我當時的想法是，我想要有完美的一天。而太空漫步任務那天的起步非常順利，正如所有參與哈伯望遠鏡太空漫步的隊員，我們也接受同樣的嚴格訓練，位於休士頓和戈達德的地面團隊也做了完整的準備並且緊密地觀察中。在第一個小時左右，一切都非常順利。我們甚至進度超前。我們正在創造完美的一天。

最可靠的生命線

接著，拆除扶杆的時候到了。我們查閱檢查清單：「拆除扶杆螺絲，四個。」簡單。我拿起電動工具，開始工作。透過我的頭盔鏡頭進行衛星對地傳輸，詹森太空中心和戈達德中心的團隊成員觀察著我的一舉一動，他們可以看見我的雙手正在操作電動工具。上方的兩個螺絲輕鬆拆除，左下方的螺絲也拆除了。但右下方的螺絲讓我遇到麻煩。出於某些原因，我的電動工具只是持續空轉。「拜託，別這樣。」我心裡想著，「我今天還有更重要的事情要做。」但電動工具只是持續空轉，再過了一陣子，我認為最好先仔細觀察情況。

螺絲的位置很低，超出我的視線範圍，由於頭盔的尺寸以及光線不良，我的視野受限。所以我脫下腳部固定裝置，往下移動，想要仔細觀察。於是，我看見自己究竟做了什麼——我破壞了栓頭。它現在已經不是原始的六角形，而是變得粗糙扭曲，無法使用。

就在那個時刻，一連串的覺悟湧上心頭：螺絲無法拆除，代表扶杆無法拆除，代表一百一十一個小螺絲無法拆除，代表太空望遠鏡影像攝譜儀無法重獲新生，代表天文學家永遠找不到宇宙的其他生命——全世界都會永遠責備我，因為這件事情都是我的錯。

我傾身退離哈伯望遠鏡，向下看著地球。我們正在太平洋的上方，我凝視著下方的浩瀚水域，無法想像自己可以到哪一間五金行求助。「誰能夠幫助我解決這個問題？」我心想，「我所有支援都在下方的地球。」深刻的孤獨感打擊我。這不是「星期六下午待在家裡看書」那種類型的孤獨，更像是「第一天到新學校，沒有任何朋友」的孤獨。我覺得自己與地球隔絕，與能夠幫助我的團隊隔絕。我對太空望遠鏡影像攝譜儀以及修復任務瞭若指掌，我知道沒有任何方法可以解決我造成的問題。我們為了一百一十一顆小螺絲準備了備用流程、易取鑽頭，還有螺栓破壞鑽頭。如果我破壞了其中一顆小螺絲，還有方法可以處理。但如果我破壞的是扶杆的其中一個大型螺絲呢？我們什麼都沒有準備。因為這個工作很簡單，沒有任何一位太空人會失敗，即使是我也不會失敗。不幸的是，我證明了這個假設是錯的。

在幾秒鐘之內，我知道現在必須坦承自己造成的問題，讓龐大的團隊成員知道發生了什麼事情。我說出情況之後，我的耳朵聽見丹的聲音，完美冷靜而且撫慰人心。「好的，沒問題。」他說，「我們會看看如何幫忙。」

在隨後的一個小時左右，我們嘗試了所有能夠想到的方法。丹讓我們保持忙碌，他也會是最適合的人選。丹的父親是一位工業設計老師，他將所有的家庭修繕知識與技巧都傳給了兒子，他的兒子也慷慨地使用那些知識與技巧幫助我。丹曾經幫助我修補我家的天花板兩次。因為我在閣樓走動時，不小心踏錯地方，導致天花板破洞。

因此，當丹向我保證，地面團隊正在想辦法找到解決方案時，他提出各種建議，讓我們能夠參與行動，例如在電動工具上安裝不同的鑽頭，嘗試卸除扶杆的底座。但即使有丹的指引，什麼方法都未能成功。我一直在心中奢望丹能夠帶著工具組，將自己傳送到這裡，幫助我修好我剛剛造成的錯誤。

同時在休士頓，吉姆・柯伯暫時離開哈伯望遠鏡支援團隊小房間的討論，思考眼前的情況，最後他問自己：「如果你在自己的車庫中，你會怎麼做？」隨後他想起，當高端的技術失效時，蠻力通常是最好的選擇。既然扶杆的上半部已經鬆脫，下半部也只剩下一個螺絲，為什麼不直接用力扯斷？

我和我的隊友，或者任務管控中心主室的任何人都沒有想到直接扯斷哈伯望遠鏡的扶杆，因為我們接受的訓練從來沒有這麼做過，或者想過在太空中拆除物品。在太空中扯斷金屬通常不是一個好主意。扯斷造成的碎片可能會進入哈伯望遠鏡內部，造成光學零件損壞。或者，更糟糕的情況是，碎片可能會彈向我或布艾諾，造成我們的太空衣損壞。然而，當希望渺茫時，什麼事情都值得考慮。時間快要不夠了。太空衣中的消耗品緩慢消耗中——我們的氧氣、動力及二氧化碳過濾器——我們不可能永遠待在外面思考解決方法。即使解決了扶杆的問題，還是需要足夠的時間完成修復任務，我們已經瀕臨時間的極限了。

吉姆．柯伯打電話給戈達德中心的詹姆斯．古柏，提出他的想法；詹姆斯聯絡在二十九號大樓的傑夫．羅丁；傑夫和他的團隊提出了一個緊急應變方法。他們在戈達德太空中心的清潔工具室找到一個相似的扶杆，設置成與我們在軌道上相同的情況：取出三個螺絲，扶杆上方為鬆動狀態，剩餘的一個螺絲位於扶杆的右下方。隨後，他們在扶杆可自由移動的那一端掛上彈簧秤。彈簧秤顯示承受約二十七公斤的力道時，扶杆斷裂飛出。詹姆斯．古柏使用通訊系統將結果告訴位於詹森太空中心的吉姆．柯伯；吉姆再將相關資訊交給任務管控中心後方艙外活動室的克莉絲蒂．漢森；克莉絲蒂與湯瑪斯隨後與東尼．契卡西討論；東尼負責提出最後的決策。沒有任何上級高層或下級人員可以推翻東尼的決定，或者替他做出決定，但東尼非常了解他的團隊以及我們的能力，他知道我在高壓力環境中的能耐，而他同意執行這個計畫。

我第一次聽到關於這個計畫的任何資訊都是來自於丹。「馬斯。」他說，「我想我們找到方法了。」我可以從他興奮但依然保持自信的語調，聽出他有好消息要告訴我們。隨後，丹將他們正在考慮的方法告訴我和我的隊員，就像他只是在提出我的廚房重新配線計畫——碰巧的是，丹確實曾經協助我改裝廚房的配線。隨後，丹向我提出計畫的完整內容，更進一步表示布艾諾和我必須使用卡普頓膠帶（Kapton Tape，用於太空儀器的膠帶），盡可能地包住扶杆的下半部，藉此包覆在拆除過程中必定會產生的碎片。我要在扶杆上半部施力數次，稍微搖動螺絲，最後則是需要在扶杆上方施加約二十七公斤的直線力。

「丹。」我說，「這聽起來是一個好計畫。」

在布艾諾的協助下，我盡可能地用膠帶纏繞扶杆。我們就像兩位童軍一起打結。隨後，我們回報已經準備就緒。在那個時刻，即使丹遠在一個世界之外，我依然覺得他就在這裡，就像我們一起在車庫工作。

丹使用通訊系統說：「亞特蘭提斯號（Atlantis），這裡是休士頓，我們現在無法看見畫面，但我們準備好了。」他的意思是，在我嘗試拆除扶杆時，任務管控中心無法從我的頭盔鏡頭同步看見畫面。但也許這是好事。「至少他們不會因為觀看過程而感到緊張。」我心想。

「好的。」我說，「我們開始了。」

我用力拉動扶杆幾次，直到我感覺螺絲開始鬆動。隨後，我最後一次用力拉……扶杆斷了！「拆下來了！」在稍微恢復冷靜之前，我驚呼。「請拿出廢棄袋。」為了讓扶杆可以安然回到地球，必須使用廢棄袋。布艾諾非常樂於拿出廢棄袋，收下扶杆，安穩地存放，現在扶杆已經無法阻礙我們當天的任務。我非常感激自己還能有第二次機會。

隨後，丹再度使用通訊系統。「真是好消息。」他說，「我們現在回到預定計畫。」

後續的修復任務非常順利，我的兄弟陪伴我完成所有步驟。我知道他非常高興我們找到了解決方法，現在可以繼續進行任務。我格外謹慎地不要再弄壞任何物品，最後太空望遠鏡影像攝譜儀重獲新生，哈伯望遠鏡可以自由地揭開更多的宇宙祕密了。

我從自己的錯誤中重新振作，但如果沒有丹．伯班克，我做不到。那一天，他的支持讓一切都變得不同。不只是因為他提供我需要的步驟和技術資訊，而是知道地球上最傑出的其中一位太空人暨我最好的朋友之一，願意做任何事情確保我們可以成功。丹從來不曾流露出慌張、失望或沮喪。我後來才知道那天在任務管控中心、戈達德中心的情況有多麼瘋狂混亂，但丹保持冷靜與淡然，確保一切看似毫無問題。丹維持我們的士氣高昂，讓我覺得一切都有希望，一定可以找到解決方法，他從來不會責備或者流露悲觀。丹的熱情、樂觀的生命觀，以及對於太空飛行器通訊官職責的投入，讓我成功解決太空人生涯最具挑戰性與最艱難的問題。在我最需要他的時候，他就在那裡支持我。我會永遠感謝丹是那天我在任務管控中心的生命線。

在太空中，很容易覺得孤獨、覺得被捨棄，彷彿沒有人想著你。縱使太空人在一個小艙室被隊員圍繞，地面還有數百個人觀察你的一舉一動，這種情況似乎是不太可能的。但人類就是人類，我們經常覺得自己被遺忘了，無論那是不是真的，所以太空飛行器通訊官的職責才會如此重要。

我認為新冠肺炎（COVID-19）疫情，特別是最早期非常孤獨的幾個月，讓每個人都能夠明白與自己曾經親近的八十億人相距五百多公里的感覺。即使我們已經遠離了新冠肺炎最惡劣的時期，許多人依然以過去不曾經歷的方式處於支離破碎與孤獨之中，只能仰賴有時「斷斷續續」的通訊方式，與全球各地的同仁遠距合作與溝通。我們必須記得，即使看不見，或者無法實際與隊友相處，一旦需要他們，他們都會支持我們。同樣重要的是，如果他們需要我們，我們也會提供支援。

這也突顯了在非網路世界和面對面認識同仁的重要性。丹・伯班克成為我的摯友，因為我們在閒暇時刻花了許多時間一起處理各種事情，或者只是一起消磨時間與吃晚餐。在不同的訓練與打造團隊的活動中，我和東尼・契卡西，以及所有的哈伯望遠鏡工程師共度了許多時光。**你需要花這些時間建立人際關**

係，理解其他人的優點與缺點，並且學習自己能夠如何幫助其他人成功。在危機發生之前建立這種人際關係，可以讓你在面對時間緊迫的決策與解決問題時，帶來巨大的正面影響。從許多方面來說，遠程的虛擬通訊技術都是革命與救星，但只能作為協助實際投入時間建立起的合作基礎的補充工具。

對於太空人來說，太空飛行器通訊官和任務管控中心永遠都在電話的那一頭。在地球的日常生活中，我們必須找到自己的「休士頓」，也就是那些可以扮演支援角色，並且讓我們回報協助的人們。在職場上，如果出現沒有其他人可以解決的問題，我們可以成為求助的對象；如果人們需要幫忙，或者只是需要找人談談，我們應該成為他們尋找的對象；如果你重要的另一半感到失意，我們應該成為能夠提供安慰的伴侶；我們應該成為孩子隨時可以諮詢重大決策或問題的家長。這些事情不容易，但正如我們需要一位太空飛行器通訊官在有需要時待命，我們日常生活中的人們，也需要我們為了他們如此支援。

不是每個人都有機會前往太空，但我們所有人都會在生活中感覺自己就像待在軌道上一樣孤獨且與世隔絕。我們都會有覺得無依無靠與迷失的時刻。因此，如果你認為自己處於那種情況，或者你的生活中有人陷入那種情況，以下是應該記住的重點：

★你不孤單。找到能夠幫助你的人、聯絡他們，將他們視為你的任務管控中心。

★當你認為職場或個人生活中的某個人可能正在經歷工作或家庭的困難時，主動關心他們，成為他們的太空飛行器通訊官。

★即使在風平浪靜的時候，也聯絡你認為自己有責任照顧的人們，了解他們的近況。讓他們知道，如果他們需要你，你會支持他們，正如我們在太空任務中所說，你「隨時準備待命」。

★如果任何人聯絡你，無論是客戶、同事，或者是你愛的親人朋友，讓他們知道，你以他們為優先，而不是你的負擔。向他們保證，他們絕對不會孤獨地處理這個問題，直到你們一起解決問題，你都會堅持陪伴在他左右。

人生困苦，但如果你有生命線，就會變得輕鬆。永遠不要害怕聯絡朋友或

同事，並告訴他們：「休士頓，我們有麻煩了。」當然如果你覺得很奇怪，也可以不用稱呼他們為「休士頓」。

Chapter 8

三十秒法則

你一定會犯錯。學會把錯誤留在過去。

當我還是個六歲小男孩，看著尼爾．阿姆斯壯踏出在月球的第一步，我對成為太空人的嚮往，並不只是因為我想去太空而已。當然，前往太空似乎很好玩，但也是因為我想要像阿姆斯壯、艾倫．雪帕德、約翰．葛倫，以及其他太空人一樣。我想要成為其中一分子，我希望加入他們的行列，因為那似乎是一個非常酷的俱樂部。那種心態讓我產生了某種可以稱之為英雄崇拜的情結。每一次，遇見來自太空計畫的偶像時，我就像回到當年那個六歲的小孩。這樣很好，因為我獲得了幾乎不會乾涸的熱情泉源，讓我可以持續追求漫長且非常艱困的職業生涯道路。但這也有缺點，因為我對於他們的本性產生了一種扭曲的看法。太空人也只是人。當然，他們是很酷的人，但人類都是相同的，所有的人類都會犯錯。然而，我並未用這種方式看待他們。我看待他們的方式，彷彿他們非同凡響，比生命本身更偉大。我將他們放在臺座上崇拜，只要你將某個人放在臺座上崇拜，根據字面上的定義，就是讓自己的地位次於他們。在我心中，他們是完美的，但我不是。他們擁有真材實料，但我可能沒有。或許這就是為什麼——正如我稍早曾經說過的——有好幾年的時間，我將自己的太空夢想束之高閣。

我決定要追求太空夢想之後（當我明白百萬分之一不是〇！），我承受了比預期更多的失敗，我說的是真正嚴重的失敗。申請麻省理工學院的研究所時，我申請到錯誤的系所，我以為自己申請的是工程學院的科技與政策學程，但我不慎將申請表送到政治科學系的科學、科技與社會學程。直到我出現在錯誤的研究所時，他們才釐清整件事情。幸運的是，我還能夠轉到正確的系所。

僥倖進入研究所之後，我差一點無法畢業。第一次參加博士資格考，我不及格，成績非常差，我的指導老師叫我坐下來，認真地告訴我：「也許你不適合念博士。」我的心情非常低落，幾乎就要決定放棄攻讀博士學位。當我去考私人飛行員執照時，我也無法成功完成第一次的重新降落。我迷失了。在天空中迷失了。

我職業生涯中最嚴重的一次「肚皮落水」[9]失敗，就是字面上的失誤。當時，我才剛加入航太總署，他們將所有太空人新鮮人送到佛羅里達彭薩科拉的

9 編按：肚皮落水（Belly Flop）是指一個人在跳水時，肚皮先碰到水的嚴重失誤，指徹底且痛苦尷尬的失敗。

海軍飛行基地進行水中求生訓練，包括學習如何使用降落傘。他們將所有太空人送到一艘船上，船尾有一個很大的平臺，比水平面高出許多。他們接著把我們帶到墨西哥灣，一個接一個繫上連結到一艘快艇的牽引繩。快艇開始往前航行，你會感受牽引繩拉扯的力道，然後身體開始跑動，你的降落傘鼓起之後，就可以出發了。我非常緊張，因為船尾的平臺很高，墜落的距離很遠，正如前面提過的，我不是最強的泳者。

在我前面出發的太空人是史黛芬妮．威爾森（Stephaine Wilson）。史黛芬妮的體重可能只有四十五公斤。她起跑，跳出平臺邊緣，像鳥一樣飛翔。隨後輪到我了，他們把我綁在降落傘背帶上。我可以感覺牽引繩正在拉我，我開始奔跑。我跑到平臺邊緣時，竭盡所能地跳高……但我並未像鳥一樣飛翔，我像石頭一樣沉沉墜入海中。我垂直墜落了大概七公尺，直接撞擊水面，碰！接著牽引繩被拉緊，我的降落傘背帶被猛地拉住，我在水中大約以一百二十八公里的時速遭到拖行。我的救生圈像氣球一樣彈出，我的降落傘全都是水，我在墨西哥灣拚命擺動四肢，努力呼吸。幸運的是，他們把我「釣」上來，醫師檢查我的情況，我可以繼續訓練。我的第二次嘗試更成功，一切都變得非常順利。

重點在於，我犯過許多錯誤。我們所有人都會失誤，但沒有人喜歡承認自己失誤，大多數的錯誤都會立刻伴隨某種形式的否認。正如我先前所說，承認錯誤，避免其他人重蹈覆轍或者因為你的錯誤而受苦是非常重要的。但我們鮮少想要向其他人，或向自己承認某件事情錯了，我們繼續假裝一切都很好。我認為原因非常明顯，沒有人希望被視為失敗者。沒有人希望自己必須為了一場重要的比賽失利，或是毀了一個重要計畫而負責。這種習性可能會以不同的方式展現，取決於你的性格。有些人如此傲慢自大，他們的否認已經滲透到整個自我認知當中。他們就是無法接受自己犯錯，永遠無法接受。一切永遠都是其他人的錯誤；其他人則是出現相反的反應，他們否認自己的錯誤，因為他們覺得不安或自卑，也許是害怕被拆穿自己是一位名不副實的冒牌貨。

我們不否認自己的錯誤時，往往就會深陷於錯誤之中。我們固著於錯誤、反覆思考，讓自己被悔恨吞食，什麼都不做，只是在腦海裡面重播相關事件，仔細回顧希望能夠改變的一切。那是一種回避的機制，藉由固著於過去的錯誤，我們讓自己有了不積極參與未來並且從錯誤中學習的藉口。如果不謹慎處理，你可能會讓一次悔恨，成為餘生偏離常軌的藉口。

事實上，我一直都是個會深陷於錯誤的人，而不是一位否認者。只要我想，我可以嚴厲地責備自己。我會困在自己的思緒中，一而再，再而三地想著：「天啊，你真的搞砸了那件事情。」我年輕的時候，例如研究所時期的資格考失利，我會用一個星期或者更久的時間責備自己。這種習慣不好，因為（一）責備自己無法完成任何事情，以及（二）你永遠無法挽回這個星期的時間。

更不用說，在太空的時候，你沒有一個星期的時間可以浪費。你的每個步伐都攸關生死，你沒有時間陷入自己的錯誤，你沒有沉溺於後悔的奢侈，但你也不能因此否認與忽略自己的錯誤。因為，正如第三章提到的，不說出錯誤可能導致潛在的致命後果。

歸根究柢，所有成功的人物或組織都必須具備（一）建立避免錯誤發生的系統，以及（二）建立錯誤發生時的處理系統，因為錯誤必定會發生。航太總署擁有眾多的安全檢驗機制與程序，非常熟練以上兩種系統。航太總署最脆弱的環節通常是人為因素：太空人或工程師無法保持思緒清晰，因為他們正在處理自己的私人問題。對我來說，成為一位成功的太空漫步者，代表要學習如何面對這種過度反覆思考錯誤，以及持續自責數日的問題。

進入航太總署的第四年，就在我開始接受太空漫步訓練不久之後，航太總署的領導高層宣布，未來的一次任務將會重返哈伯天文望遠鏡，進行必要的更新與維修。沒有任何一位菜鳥曾經在哈伯望遠鏡進行太空漫步任務，但這次重返之旅要選出四位太空人，其中一位將是菜鳥。我渴望那個位置，而我知道主管都在密切地觀察我。在我心中，從那個時刻開始，我做的每件事情都會是哈伯望遠鏡飛行任務的試鏡。我非常緊張，想要拿出最佳表現。

太空漫步非常有挑戰性。太空漫步不只是四處飄浮、享受風景。你要執行高技術難度的任務，處於無重力狀態，困在厚重加壓的太空衣，而且視線非常不良。面對不可能達成的時間限制，你所做的每件事情，都會被一群專家團隊分分秒秒地評估。他們觀察你的方式，就像他們是你未來的親家。

直面情緒，放下錯誤，向前邁進

在一次作為試鏡測驗一部分的中性浮力實驗室訓練中，我想要證明自己非常善於駕馭太空衣，能夠做到他們要求我的所有事情，但我對於裝備和環境的熟悉程度不足。我用手抓著望遠鏡上的扶杆移動，心裡想著，「看看我多厲害……」隨後，碰！我的頭盔撞到軸針——望遠鏡機身上一片突出的金屬零件。在哈伯望遠鏡首次發射進入太空時，這個軸針用於讓哈伯望遠鏡固定在酬載艙。

這件事情已經令人非常難為情。隨後，一位安全潛水人員游過來查看我的情況是否安好時，她發現我的頭盔面罩上有一道裂縫。於是訓練暫停，他們將我拉出水池，成本昂貴的訓練過程就此中止。每個人的時間和金錢都白費了，我們要坐在那裡弄清楚，「好的，究竟馬西米諾這次的失誤有多嚴重？」幸運的是，我的錯誤沒有那麼嚴重。我打破了面罩上的塑膠外殼，但並未造成裡面的玻璃刮傷或受損。因此，雖然需要更換面罩，但訓練可以繼續依照計畫進行。我依然覺得自己是失敗者，我想要在這次「大聯盟等級」的試訓中，讓所有人留下深刻的印象，卻做出如此愚蠢的舉動。

我們之中經驗最豐富的太空漫步者約翰·格倫斯菲爾德協助這次訓練，他也過來幫忙評估面罩的損傷情況。約翰看見我非常苛責自己，他在水池旁邊蹲下，給我一個大大的微笑，比出大拇指手勢。「沒事的。」他說，「不要放在心上，回去水池裡面，你做得很好，只是要謹慎小心。」但我沒有辦法不放在心上。我很在意自己如此魯莽，浪費了每個人的時間又造成裝備受損，我的心情很糟糕，我讓這種心情影響了我在後續訓練中的表現。我的心思反覆糾結於方才發生的事情，所以我並未全心全意進行手上的訓練任務。我的表現也從過於魯莽變得過度謹慎，讓我的速度變慢，而且影響了整個訓練過程。

弄破頭盔不是我在航太總署犯下的第一個錯誤，也不是最後一個。隨著時間過去，我聽見愈來愈多太空人給我與格倫斯菲爾德說過的相似建議：讓它過去吧，不要放在心上，繼續往前走。已經夠了。對於很容易糾結與後悔的人來說，那種建議可能是很有用的「提醒」，但實際的效果非常有限。只告訴一個人要繼續往前走，並沒有告訴他們如何往前走。因為後悔的感覺仍然存在，無論你想不想，後悔的感覺都會來找你，所以你應該如何安置這種情緒，又要如何處理？

我也不知道如何處理，直到我的隊友梅根．麥克阿瑟（Megan McArthur）教我三十秒法則。她說自己從我們的另外一位同仁身上學到三十秒法則，那位同仁是太空人暨美國海軍陸戰隊測試飛行員瑞克．「CJ」．史托克（Rick "CJ" Sturckow）。CJ的三十秒法則是：「讓自己有三十秒的時間悔恨。」我應用在生活裡面的三十秒法則是：**犯錯的時候，給自己三十秒的時間後悔**。你可以暫停，可以覺得自己悽慘、痛斥自己、責備自己，把所有想要對自己說的惡劣話語都講出來——但是，你只能安靜地在腦海裡面對自己說，才不會嚇到旁邊的人們。

因為後悔是自然的，失望也是自然的。壓抑那些感覺，或者否認那些感覺的存在是不健康的。你必須讓自己擁有那些情緒，但將時間控制在三十秒，再來就是向前邁進的時候。用三十秒宣洩你的憤怒之後，放下情緒。讓後悔留在過去，因為後悔沒辦法在未來幫助你，是時候繼續前進，專注處理手上的工作以及整體的任務了。你的團隊需要你全心全意地專注，重返賽場，協助解決眼前的問題。

對我來說，從梅根．麥克阿瑟身上學會這個啟示特別重要，她是我「放在臺座上崇拜」的其中一位太空人。她第一次申請時就獲選進入太空人計畫，當時她才二十八歲，幾乎是前所未聞的成就。航太總署甚至在梅根完成博士學位之前就決定選擇她——他們就是如此希望梅根加入。梅根非常聰明、有才能，而且是非常好的合作對象。你看著她，就會認為：「我永遠不可能做到她能做的。她是完美的。」但她並不完美。她只是找到最好的方法處理自己的不完美，而三十秒法則就是其中一個方法。她教我三十秒法則之後，我變得更善於處理與放下錯誤，以繼續前進。我犯錯之後，不會再浪費一個星期，甚至浪費一天。這樣很好，因為我下一次的重大錯誤不是在中性浮力實驗室的訓練中弄壞頭盔面罩——而是在無垠的太空中弄壞了哈伯太空望遠鏡。

即使我在中性浮力實驗室中鬧出了面罩意外，我依然被選為二〇〇三年哈伯望遠鏡太空漫步任務STS-109的第一位菜鳥太空人。太空漫步任務很順利。我們在太空梭外進行任務時，沒有發生任何重大的問題。直到我下一次的飛行任務STS-125時，我才真的搞砸了：正如上一章所描述的細節，我在維修太空望遠鏡影像攝譜儀時，弄壞了扶杆的螺絲。我將自己的錯誤回報給休士頓的任務管控中心，他們忙亂地處理我的失誤時，我被羞恥、罪惡、質疑以及後悔的情緒海嘯淹沒。我們在犯錯時，會覺得自己更加孤單。犯錯讓我們覺得孤立與赤裸。在地球上犯錯已經非常糟糕了，想像在五百多公里外的太空中犯錯。我很難過。我浪費了哈伯望遠鏡團隊全體成員數年來的計畫與投入。我讓納稅人的數百萬美元付諸東流。我的孩子現在必須以「他們的爸爸弄壞哈伯天文望遠鏡」的心情體驗人生，那就是我留下的傳承。

我腦海中唯一的想法，就是我需要一臺時光機。我只需要回到過去、我只需要重新來過。當然，一旦你發現自己有這種想法，那就是後悔開始影響你的時刻，因為時間只會往前，毫無作為地等待、盼望不可能的事情發生，沒有任何意義。**一旦你開始盼望自己能夠重新來過，那就是你知道自己應該往前邁進的時候**。

幸運的是，我知道如何往前邁進。我們或許沒有備用計畫處理損壞的扶杆螺絲，但在我的地面部隊同仁倉促地尋找解決方法時，我可以用三十秒法則處理自己的情緒。我暫停片刻，望著下方的地球，在內心設置三十秒，開始後悔。在三十秒的時間內，我釋放所有的情緒。我嚴厲斥責自己：「麥克，你是白痴！你真是蠢蛋！你到底怎麼有辦法搞砸這麼簡單的事情？你為什麼不在任務開始之前想到這個問題？你對於簡單的任務操之過急，因為你過度執著在你認為比較困難的工作。」諸如此類，一直責備自己。一旦三十秒的時間到了，我便放下那些情緒。我已經讓自己在自怨自艾中小小的沉溺，現在是時候把錯誤留在過去，成為一位好隊友，協助找到解決方法。我們認為用力拆除扶杆可能會成功，也確實成功了，後續的太空漫步任務完全依照計畫進行。太空望遠鏡影像攝譜儀重獲新生，得以繼續搜尋宇宙的其他生命。

每一天，在職業生涯以及個人生活中，我們都有機會犯錯。我們不希望犯錯，但無論我們做了多少準備，無論我們何其努力想要做到完美，錯誤都在所難免。我用來責備自己的那些錯誤，其實是太空人訓練中的寶貴經驗，因為犯錯讓我學會如何從錯誤中振作。我明白沒有任何錯誤是無法克服的，但面對錯誤的不良應對方式，可能會導致致命的結果。如果你犯錯後，發現自己的心情非常低落，請記得「三十秒法則」：責備自己吧，給自己懊悔的空間，沉浸在後悔之中，但是只限於三十秒。隨後，無論有多麼困難，都要將後悔留在過去，並且向前邁進。專注在眼前的任務，以及你可以如何提供幫助。努力保持正面，無論你犯了多麼嚴重的錯誤，給自己補救的機會。

所以，有什麼好方法可以用在三十秒的後悔時間？以下是我的建議：

★責備自己吧。我最常用「我真笨」以及「你這個白痴！你怎麼可以犯這種錯？」用「愚蠢的舉動」也有很好的效果。

★找到後悔的原因，你就可以清楚地知道自己為什麼生氣，而不是對所有事情都感到生氣。「我應該更仔細思考我們的計畫」或者「我應該在行動之前更仔細地理解情況」，或是：「我為什麼沒有在犯錯之前想到後果？」

★走出後悔的情緒時，好好地警惕自己，這樣你就不會再讓這種事情發生：「如果這次可以化險為夷，我以後會更小心，永遠不會再犯這種錯誤。」

看吧！三十秒的後悔時間已經結束。把錯誤留在過去，向前邁進，因為團隊還需要你協助解決自己造成的問題。

Chapter 9

去感受這個世界的驚奇

宇宙無與倫比。停下手上的事情，欣賞你周遭的一切吧。

太空人約翰．楊恩（John Young）是我的兒時英雄之一，他可能是歷史上最有成就的太空人。有些太空人可能更有名，但約翰．楊恩有輝煌的經歷。他飛向太空六次。在水星計畫的太空人之後，他獲選進入第二期的太空人訓練班，也是班上第一位進行雙子星計畫飛行任務的成員。他在阿波羅十號任務飛向月球，在阿波羅十六號任務踏上月球。阿波羅計畫結束之後，約翰被選為太空梭計畫的第一位任務指揮官，也是第一位完成太空梭飛向太空的任務之後，成功將太空梭降落回地球的太空人。我在一九九六年被選為太空人時，約翰依然是航太總署的現役太空人。進入航太總署的時候，我難以相信自己與其中一位偶像在同一間辦公室工作，而且擁有相同的頭銜。

身為一位經驗豐富的飛行員，約翰依然會駕駛我們的T－38訓練飛機，所以在航太總署的前幾個星期，某天下午，我在他的辦公室探頭，詢問他是否正在尋找一位後座駕駛，如果可以擔任他的副駕駛，我會覺得很榮幸。

「沒問題，麥克。」他用美國南部的綿長尾音腔調回答，「當然可以。我們很快就會一起飛行。」

他說到做到，幾天之後，約翰請我和他一起駕機飛向位於加州莫菲特機場

（Moffett Field）的航太總署艾姆斯研究中心（Ames Research Center）。他要到那裡進行垂直動態模擬器（Vertical Motion Simulator）訓練。那是一整天的飛行：一早從休士頓出發，在艾爾帕索（El Paso）與拉斯維加斯停機加油，在莫菲特機場降落之後，進行幾個小時的訓練，當晚則是循原本的路線返回到休士頓。我正要和自己的英雄偶像用一整天擺脫地球的引力，還有什麼比這個更棒？

由於T－38是一架小飛機，只能搭乘兩名空中組員，那是一種非常親近的飛行經驗。除了空中交通管制人員之外，約翰的所有注意力都在我身上。我們從休士頓出發或者觀察垂直動態模擬器的時候，沒有太多的對話。但在大多數的工作完成之後，約翰在回家的路上變得放鬆。他開始告訴我許多故事——最無與倫比的故事。他告訴我早期的太空人遴選過程——當時對於太空的實際情況毫無頭緒，所以他們進行所有詭異與荒謬的醫學「檢驗」，例如把雙手放在冰水，直到你再也無法忍受疼痛。他還告訴我遇見名人與總統的經驗，以及早期太空計畫的其他傳奇人物，例如尼爾・阿姆斯壯、吉姆・洛維爾（Jim Lovell），還有艾德・懷特（Ed White）——第一位進行太空漫步任務的美國人，後來在阿波羅一號發射的爆炸火焰中，與古斯．葛利森（Gus Grissom）和羅傑．查菲（Roger Chaffee）悲劇性地喪生。

聆聽約翰．楊恩這樣一位傳奇人物談論太空的故事，就像摩西本人親自傳授上帝智慧的石板。我只是坐在飛機後座數個小時，仔細聆聽他的一字一句。後來，白天快要結束，太陽沒入新墨西哥的地平線，我們即將返回休士頓，我鼓起勇氣，向我的英雄提出那個最終的問題。自從將近三十年前，我看見尼爾．阿姆斯壯踏出人類的一大步時，我的一生都想知道答案。

「約翰，」我說：「在月球上……是什麼感覺？」

我幾乎是顫抖著期待他的答案，我思忖他究竟會說什麼，他會和我分享何種詩意與睿智。也許他會說，「麥克，那是一種華麗的荒蕪。」或者，「麥克，我認為自己進入了一個聖地，數百萬年來，一切未曾改變之地。」又或者是，「麥克，我可以從自己的肩膀看見地球，地球如此渺小，我能夠用大拇指遮住地球，我從來沒有覺得自己如此無足輕重。」

但他完全沒有說這種話。相反地，當我詢問他在月球究竟是什麼感覺時，他毫無猶豫地說：「好吧，麥克，我告訴你，最棒的地方在於你終於可以上大號了。」

「什麼？」我回答。

「好吧，你知道的，你還沒有去過太空，但有一天你會明白。在無重力的環境中飄浮，對於你的消化毫無幫助。沒有重力幫助食物移動至腸道，所以你的肚子會很漲。讓我老實告訴你，到了月球之後，雖然月球的重力只有地球的六分之一，但足以讓你解脫了。」

我完全不知道應該如何回應，所以我沒有任何回應。

我毫不懷疑在約翰·楊恩三十年的太空人生涯中，他必定有過許多令人驚嘆的超凡時刻。畢竟，他曾經說過：「二十世紀的人類必須果敢地探索……壯志堅決地努力揭露藏在我們宇宙中的祕密。」聽起來非常深刻，對嗎？我很確定腸道運動並非總是約翰在思考月球時光的第一個話題，登陸月球是一種改變人生的經驗，歷史上只有十二位人類曾經有過。但約翰已經進入太空六次，非常多。他已經擔任太空人超過三十年，也是漫長的歲月，我相信，他用這種方式告訴我這件事，展露了一種關於生命的基本真理：任何事情都有可能變成例行公事、任何事情都可能變得枯燥、任何經驗無論何其超凡，如果變得過於熟悉，都會被視為理所當然。但如果你想要成功——更重要的是，如果你想要享受成功——你不能讓自己掉入這種陷阱。

經常有人告訴我們，我們必須在工作中找到一種使命感。這種說法當然是對的，但在某種程度上也是狹隘的。這種箴言引導我們探視自己的內心，尋求個人價值的實現。然而，如果我學到了什麼，那就是，停下腳步觀賞自我之外的周圍世界，也同樣重要。我們所有人都需要停下腳步，凝視周圍世界的美與驚奇。**我們必須對自己有幸參與世界創造奇蹟感到驚嘆，並感激自己出生在這個世界的美麗偶然**。而比其他所有事情更重要的是，在心中謹記這個宏圖，是建立長久且有意義的職業生涯關鍵。

我們都處於天堂

太空漫步時，時間非常寶貴。每個工作都準確地安排至分秒不差的程度，沒有很多時間停下腳步，像觀光客般瀏覽風景。但我在STS-109任務進行我的第二次太空漫步時，有了一次罕見的休息時間。我正在等待太空漫步的夥伴吉姆．紐曼完成一項工作，等待的時候，我暫停片刻，轉頭看著遠方的地球。我原本只想迅速地看一眼，卻在景致之中迷失了自己。

沒有任何文字可以描述我們的星球之美，所以我只能告訴你們，我當時有什麼想法與感受。我低頭看著地球時，進入腦海的想法是：「這是我不應該看見的景色。它美麗得超越人類雙眼所能承受的範疇。這是一種祕密，我不該在此欣賞。」我轉過頭，想要繼續處理眼前的工作，但我忍不住偷偷看了第二次。我又迅速地偷看了一眼，底下的星球如此美麗，我開始變得情緒化。我必須看向別處，因為我擔心自己會落淚，如果太空衣裡面有液體漂流會是一個大問題。我開始想像，在這次重大飛行任務的調查報告中，我必須承認自己在太空中哭泣。所以我振作起來，試著繼續處理工作。但我又看了第三次，我腦海掠過的想法是：「如果你在天堂，這就是你看見的畫面。這就是從天堂看見的景致。」隨後，另外一個念頭立刻取代了原本的想法：「不，這個景致甚至更美。這必定就是天堂的模樣——也許，**地球就是天堂**。」

原來，我不是唯一一個有這種感覺的人。後來，回到地球之後，我和阿波羅十三號的指揮官吉姆．洛維爾聊天，將自己的觀察和感受告訴他。「麥克，」他說，「許多人都希望自己過世之後能夠上天堂。到了太空，看見我眼前所見之後，我相信我們所有人都生於天堂。」

當然，我們實際的感受不一定永遠都如此。天堂應該是一個美麗完美的地方，有時候，你看著新聞，會覺得這個世界只有戰爭、飢荒、殺戮及苦難。但從太空觀看地球，可以讓你感受更多意義，特別是當你停下腳步，看著日夜分際線的時候。日夜分際線是我們用於區分地球日夜的界線，我們習慣在美麗的日出和燦爛的日落時感受地球，從太空的角度來看，日出和日落是一條在地球上穩定緩慢移動的線，一側是白晝，一側是黑夜。

日夜分際線的移動只是單純地展現了地球的轉動。我偷偷望著地球，等待紐曼完成他的工作時，日夜分際線的移動是我見過最穩定的律動。它不會猶豫、不會顫抖，也不會暫停，只是穩定持續地移動。地球很龐大，但這個巨大的物體只是如此優雅且穩定地持續移動，一圈又一圈。我才明白，自己正在看著一個數十億年來都在用完全相同方式移動的物體。地球上已經改變了，人們來來去去、帝國興起隕落，每天都會有戰爭、飢荒、殺戮及苦難，但自從時間肇始，那種穩定持續的律動就已經開始了。這個律動經歷日夜分際線之下的所有混沌，等到我們離開這個世界之後，還是會持續律動。簡而言之，這種律動是完美的，宛如天堂。

看著日夜分際線移動之後，我低頭望著自己包在太空衣裡面的雙手，我才明白這種科技的存在是何等的奇蹟，能夠讓我在這個荒涼而不適人居的世界生存。我從另外一個方向看過去，望著漆黑的太空。我可以看見太陽是一個巨大的恆星，發現這是我第一次在漆黑的空中看著太陽。我們已經搜尋了鄰近的宇宙，除了太陽系之外，其他地方都沒有方法支持生命存在。這代表我們沒有其他地方可去，就算是地球上最惡劣、最不適合人居住的地方，都會是火星上的天堂。

回頭看著我們的星球，我明白它其實是如此脆弱。如果你把地球想成一顆洋蔥，在最上方，最薄弱的洋蔥層，就是我們的大氣層。大氣層就是如此的細薄，也是唯一能夠保護我們免於宇宙荒蕪影響的事物。保護地球的大氣層如此脆弱，就像保護我身體的太空衣與手套。在那個時刻，關於我能夠存在於太空的一切，都是如此美麗與充滿奇蹟——而且，就像地球一樣，如此脆弱。

我在那個時刻感到的驚嘆，在往後人生幾乎每一天都支持著我。在那段期間，無論是個人生活或職涯發展，都充滿許多的高低起伏，但那天感受到的驚嘆，讓我能夠保持超然的看法。當然，我可以聽到各位讀者說：「沒錯，麥克，那個經驗對你來說很好。但不是每個人都可以從外太空感嘆我們的星球之美。」這句話沒錯，但事情是這樣的：如果你想要感受驚奇，你不需要前往太空被眼前的奇蹟所震憾，因為那個奇蹟其實就是我們的星球。當然，那個經驗很有幫助，但不是嚴格的必要條件。關於「感受驚奇」這件事情，最奇妙的是，這可以是一種選擇，一種你能夠在每天早上起床時做出的簡單選擇。「驚嘆」（Awestruck）這種字詞，讓人覺得「感到驚嘆」必須是「發生在你身上」的事情，你是因為某些外在的事物或事件而產生這種情感。當然，那就是我在太空漫步時的感受，但有時也可以反過來——你可以主動選擇去感到驚奇。

我加入太空人辦公室時，航太總署正準備將太空人送到俄羅斯太空站和平號（Mir）生活，藉此獲得長期太空飛行任務的經驗。那個時候，還沒有國際太空站讓長時間的太空飛行任務變得很酷，對我來說，前往俄羅斯的和平號太空站似乎是非常艱困的指派任務。首先，你必須精通俄羅斯語；你會是和平號太空站上唯一一位美國人，必須能夠與兩位俄羅斯太空人相處，和隊員以及莫斯科的任務管控中心通訊和工作；和平號太空站的指派任務必須在俄羅斯進行訓練，代表你與家人分離的時間還會增加，還會要求你在任務期間額外待在太空站幾個月。當時的航太總署正在摸索他們和俄羅斯太空局及俄羅斯和平號太空站之間的新關係，而太空人需要的支援協助系統也在發展中。時至今日，航太總署已經建立了完美的支援系統，能夠幫助國際太空站任務的隊員和他們的家人，但是當時的情況不同。有些太空人對於前往和平號太空站進行長期間飛行任務感到興奮，但我和其他許多的太空人候選者都對太空梭任務更有興趣，而且太空梭任務似乎對於家庭生活的影響較小。

約翰·布拉哈（John Blaha）是在和平號太空站上體驗長時間任務的航太總署太空人之一。在太空生活四個月之後，約翰回到地球時，我們所有人都參與了約翰的報告，聆聽他的經驗，以及他可能會給我們的建議。對我而言，約翰的壯舉看起來如此艱困又難以置信，我想知道他如何處理這種經驗。他說，他成功地完成訓練和太空飛行經驗的方法，就是完全接納自己的處境。他和妻子布蘭達（Brenda）認為那是一生難得的經驗。他們的孩子已經長大成人，所以布蘭達可以在約翰接受訓練的時候，一起住在俄羅斯的太空專用地區「星城」（Star City）。約翰的心態是充分利用每一分鐘。當他抵達地球軌道時，一開始，他確實很想念布蘭達、家人及朋友。但與其糾結於他所錯過的地球生活，他專注在實驗、太空漫步任務，以及窗外壯闊的地球景致。正是因為如此，約翰說在和平太空站上的時間如梭，也帶來了非常成功的任務結果。聆聽這次報告之後，我開始認為正面的態度，以及完全接納看似令人不適的情況，可以創造極大的差別，讓充滿挑戰的指派任務，變成對眼前所見與親身經歷感到驚奇的一個契機。

☽ ☽ ☽

不久之後，我有機會實際應用約翰．布拉哈帶來的啟示。作為太空飛行任務準備的一環，航太總署讓我和另外五名太空人前往加拿大冷湖市（Cold Lake），進行兩個星期的寒冷氣候訓練，接受加拿大空軍的指導。我討厭寒冷，我希望冷湖市是一個稍微名不副實的地方。畢竟，我住在德州的清湖附近，而「清」湖就是一座極為清澈的湖泊。但抵達冷湖市之後，我發現那座城市不只是名字貼切，還是我去過最寒冷的地方。在白天，冷湖市的溫度永遠不會超過冰點，晚上的溫度更可以低至零下四十度。我們背著厚重的包包，進行大量的雜務和實驗，並且在雪中睡覺——如果我們真的可以睡著。教官努力讓我們的生活更為悽慘，而且他們非常成功。因為那就是訓練任務的重點：學習怎麼察覺不適和脾氣暴躁的跡象，以及這種情緒可以如何傷害隊伍的士氣與任務的成功機會。

過了大約一個星期左右，我受夠了。我冷到骨子裡，我的雙腳凍傷。我只想回家、看電視、使用有真正廁所機能的浴室。後來，在一次晚餐時間，我們的主教官柯林．諾里斯（Colin Norris）中士找我談談。諾里斯中士看起來完全就像漫畫描繪的加拿大拓荒者，戴著羊毛帽，留著濃密茂盛的小鬍子，鬍鬚的末端通常還有雪花（如果我可以老實說，他看起來就像《紅鼻子馴鹿魯道夫》〔*Rudolph the Red-Nosed Reindeer*〕假日特別節目中出現的育空．柯尼琉斯〔Yukon Cornelius〕，但我沒有那個膽子用這個外號叫他，因為我怕他會殺了我，把我埋在雪裡）。

「馬西米諾。」諾里斯中士說，給了我一張地圖。「凌晨三點，你和一位隊友必須前往湖中的這些座標點，找到並且取回食物箱。」

「你想要我穿過湖面。」我說，「而且是在夜半三更時？」

「對。」

「在晚上的那個時間，湖面上看起來怎麼樣？」

他看著我。「閉上眼睛。」他說。

我遵守他的命令。

「閉緊了嗎？」

我點頭。

「好。湖面上看起來就是這樣。」

我決定邀請我的太空人同僚、以前在麻省理工學院的同學葛雷格．查米托夫（Greg Chamitoff）擔任這次艱苦跋涉任務的隊友。葛雷格在這次訓練任務中和我的感受完完全全相反。葛雷格非常享受，他曾經是一位鷹級童軍（Eagle Scout）[10]，他甚至替自己搭建臨時的淋浴間，可以在天寒地凍中洗澡。對我來說，葛雷格的行為真的太瘋狂了，但這也代表，如果你不想要被一頭熊吃掉，他就是你希望能相伴的隊友。

夜半時分，我們起床出發。我們穿過半個湖泊之後，停下歇息。休息時，我抬頭仰望，那是完美清澈的夜空，空氣清新，星辰如此壯麗華美。周圍數公里的萬物處於完美的靜止，除了我們的呼吸，別無其他聲響。在那個時刻，我所有的顫抖、不安及悲涼逐漸散退，我想起約翰．布拉哈對於接受眼前處境的啟示。於是，我有了這個想法：我現在正在感受一種極為非凡的體驗，我在文明的邊界。沒錯，我很冷、環境很艱困，但我正在做一件令人驚嘆的事情，儘管我自己不知道。我正在享受自然界中最壯觀的奇景之一。我被賦予這個機會，能夠走出日常生活，用一種完全不同的方式觀看這個世界。我在長島長大，原本看起來如此微小的世界，現在變得巨大廣袤，而且充滿無與倫比的美麗事物。

我轉身對著葛雷格說：「嘿，你記得不過幾年前，我們還只是住在寢室的

10 編按：鷹級童軍是美國童軍中的最高榮譽，需要數年的努力以及嚴格的審核過程，只有約四％的美國童軍能夠達到這一級別的標準。

小孩子，夢想成為太空人嗎？而我們現在在這裡。」

「記得。」他說。

那是我們最後一次說話。我們只是站在那裡，兩個好朋友從世界的頂端，凝視整個宇宙。

地球上一切都無與倫比

對我來說，穿過半個湖泊之後，那次旅程完全不同了。環境沒有變化，但我的心態變了。我開始享受自己正在做的事情。我選擇對自己所做的每件事情的每個細節，還有周圍的美妙景致感到驚奇。一旦我這麼做，便感覺時光流逝如梭。

你不只可以選擇去驚嘆，你所需要的工具，其實早已在你手中。你生來就擁有它們：**你的五感，就是讓自己一生都處在驚奇狀態的所有必須工具**。我們最仰賴的感官是視覺，從這個角度來說，太空絕對不會讓人失望。看見這個美麗的藍色彈珠飄浮在布滿星辰的漆黑虛空，是其他經驗無法比擬的。但儘管從太空那樣的制高點看見我們的家園是無與倫比的感受，到頭來，其實也只是長距離的畫面，你無法看見所有細節。你錯過了春季的繁花美景，秋季的葉色遞嬗；你也錯過了人類創造的雄偉事物，例如在曼哈頓上西城區驚人的裝置藝術建築，或者是博物館內的美麗畫作。生活在地球，你每天都有機會觀察四周，看見那些事情，因為那些事物而感到驚奇。

在太空中，你也會錯過地球的氣味。宇宙確實令人驚嘆，但從嗅覺的角度來說，則是相當無趣平淡。你在太空會覺得有趣的氣味，是在完成太空漫步任務之後，走入氣閥艙門的味道。一旦通往太空的艙門關閉，你脫下頭盔，會有一種獨特的金屬氣味殘留幾分鐘。有些太空人將其稱為「太空的味道」，他們相信那是太空真空的真正氣味。更合理的解釋是，那個味道其實是來自於太空船的金屬暴露在真空環境時，因為氣體揮發而產生的，但我想要相信那是太空的氣味。這種想法可能只是浪漫的無稽之談，但那就是你在太空會聞到的唯一有趣氣味（在太空飛行器內部，與你的隊員相處，只能聞到彼此）。兩次從太空回到地球時，光是走出戶外，聞到剛割過的青草、花香，還有你走過烘焙坊或一間好餐廳時的氣味，就能讓我獲得無比的喜悅。一旦你曾經上過太空，就再也無法將那些豐富且令人心醉的氣味視為理所當然。

聲音也是如此。正如大家所知，在太空中，沒有人可以聽到你的尖叫。但尖叫不是你唯一聽不見的聲音。你也不會聽見晨間的鳥鳴、溪水沖過石頭，或者是風吹過樹木的聲響。無論你是在太空飛行器內部，或者穿著艙外活動衣外出，你通常只會聽見一種嗡嗡聲，那是太空飛行器內部裝備設施冷卻風扇的持續低鳴聲，或者是太空衣內部水泵的嗡嗡聲。你開始喜歡這些聲音，因為那是保護你生命的機器聲響。但是，各種生物製造的豐富聲響交響曲呢？同樣地，那種聲響只存在於地球，就在這個小小的藍色彈珠上，別無他處。所以，下一次，當你聽見鳥的啁啾，甚至是車流之中的喇叭聲，停下來，感受那種聲音能夠存在的驚奇。太空的聲響完全無法與地球的聲響相提並論。

我在太空中還想念什麼？氣候。前往太空之後，我不再抱怨氣候。因為在太空中沒有氣候。太空有極端的溫度，但沒有氣候。太空沒有四季，沒有冷風，沒有溫暖的夏日，也沒有清爽的秋季清晨。這一切都專屬於地球上的人們。因此，只要下雨天——即使是最惡劣與最噁心的潮濕日子——我都會回想待在一個完全沒有雨水的地方是什麼感覺。沒有雨水，代表沒有水循環；沒有水循環，就沒有生命；沒有生命，也沒有我們。伴隨氣候而來的持續變化是每日的提醒，提醒我們記得自己有幸在這個無與倫比的星球上生活。

我在太空中最深切想念的，是涉及我們所有的五感，有時甚至會淹沒感官的事物：我想念人們。我熱愛與我的六個隊員相處，但我想念我的家人、朋友、鄰居及同事。我想念聽見他們談笑、看見美麗且有趣的臉龐、與人擁抱與擊掌，或者在晚餐桌上分享佳餚。我甚至想念我們經常在地球上抱怨的事物：人群。我待在太空的時候，有兩件事情讓我迫不及待地想回去。第一個是孩子的游泳比賽，我們的社區鄰里都會一起來參與，搭起帳篷、四處擺放草坪躺椅，看起來就像郊外社區游泳池旁的胡士托音樂節（Woodstock Music Festival），人山人海，非常擁擠，眾人忙著交談、見面，以及享受彼此的陪伴。第二件事情是去看場棒球比賽，我想要和所有的棒球迷像沙丁魚一樣擠著彼此，大家一起享受棒球比賽。

我認為新冠肺炎疫情可能已經讓每個人都體會到太空人在太空感受的孤獨。我們或許會因為擁擠的活動、聚會及會議而感到厭煩，然而一旦這些事件消失了，才能明白它們對於我們的意義。時至今日，每當我待在擁擠的地下鐵車廂，或者在棒球比賽中大排長龍購買零食時，我依然會覺得有些厭煩，但我試著記得，這種擁擠是我們地球提供的奇蹟——一個讓所有人共享的家園。

到頭來，那其實是我從太空帶回最重要的一個禮物：對於家園的新定義。身為在長島生活的孩子，我認為我的家園是在紐約市邊境的法蘭克林廣場小鎮。我是一位長島孩子，那就是我所知道的一切，那就是我的世界。隨著我的經驗增廣，就讀大學、認識來自其他地方的人們，我開始認為自己不只是來自紐約的一個男生。後來，我成為太空人，與來自世界各地的太空人與工程師合作，我開始認為自己是一位美國人，我工作時穿的飛行衣左肩上有美國國旗。太空則是顛覆了以上所有對於世界的認知。我永遠都會是一位來自長島的孩子、紐約客，以及美國人，我也永遠都會因為來自這些地方而感到自豪。但是，從軌道上看見我們的地球，讓我明白這座星球就是我的家園。地球是我們的家園，地球以平等的方式屬於我們所有人，也是我們所有人共享的家園。

牢記你心中的宏圖

哈伯天文望遠鏡在地球上方五百多公里處進行軌道繞行，比國際太空站高出了一百六十多公里。因此，雖然國際太空站的太空人可以看見地球表面一些非常酷的細節，他們還是無法看見哈伯望遠鏡那種高度的地球廣角景致。從哈伯望遠鏡，你可以看見星球的曲線。那是非常驚人的畫面，但更驚人的是，哈伯望遠鏡能夠提供太陽系與更遠處的景致。

透過哈伯望遠鏡，我們得以看見宇宙本身的美與驚奇。我最喜歡的哈伯望遠鏡影像之一，是在我們完成STS-125更新任務之後的早期釋出影像。那是在維修任務完成之後拍攝的影像，有點像新的印表機安裝之後的列印測試，用於確定所有的事物都妥善地運作。我喜歡早期釋出影像的原因不只是因為影像非常美麗，也是因為那些影像是我們任務成功的證據。其中有一張我非常喜歡的影像，那就是「半人馬座ω球狀星團」（Globular Cluster Omega Centauri）。那是數十萬顆恆星位於一座巨大星團核心的廣角拍攝影像，這個星團涵蓋了將近一千萬顆恆星，影像只是這個星團的其中一部分。我將這個影像用在自己的主題演講，命名為「宏圖」。

在事情不順利時，牢記「宏圖」是繼續努力的關鍵。作為太空人，我喜歡自己的工作，不只是太空飛行，也包括訓練。我也喜歡參與比自己更為偉大崇高的使命。但有些時候，我也會懷疑自己在做什麼，以及這些事情是否值得。許多工作都是如此，就只是一份工作。深夜待在辦公室、周末加班工作、錯過假日與慶祝。沒有任何光鮮亮麗，只有幕後的辛勤工作，也沒有人會因此嘉獎你。

任何工作都有缺點，無論你謀生的工作是什麼——正如約翰・楊恩教導我們的，即使在月球上漫步，你還是需要使用洗手間（他也迅速糾正我一件事情，他不是在月球上「漫步」〔Walk〕，準確地說，他是在月球上「工作」〔Work〕）。因此，只要工作讓我們覺得厭煩、像例行公事，或者不值得，就應該想想「宏圖」。有時候，我們會忘記做這些事情的初衷，或是因為投入的所有刻苦付出和犧牲而被掩埋。對我來說，我強烈地認為哈伯望遠鏡向全世界提供的科學與理解貢獻，值得我在這份工作中投入的所有努力、犧牲及風險。

有些人問我如何面對其中的危險——失去自己生命的風險。誠實的答案是，我對於太空探索的感覺如此強烈，我願意為此承擔生命危險。而我認為，如果人們對於自己在做的事沒有強烈的感覺，其實是非常遺憾的。對於一生的工作無感，不算是真正的活著。我們之所以做一件事情，是因為那件事情對我們來說很重要，我們願意為了更偉大的目標犧牲。沒錯，其中一部分的原因是為了謀生，每個人都要支付生活的費用，但生活更重要的目標是讓這個世界變得更好。

在心中懷抱宏圖可以讓每個人度過難關。因此，當你熬夜工作、想念家人，覺得自己所有的犧牲都不值得的時候，請再度思考自己正在做什麼。無論那是什麼，**只要你發現自己不是真的懷有熱情，也許就是改變的時候**。我的朋友與導師艾倫．賓（還記得他嗎？）曾經說過：「**生命的訣竅是發現自己所愛，並且找到用這個愛好謀生的方法**。」你需要那種熱情。如果你沒有熱情，就繼續尋找，直到你發現為止；如果你有幸發現熱情，當遇上艱難的情況時，你可能會對自己產生懷疑，不要感到驚訝。

在那種時刻，你必須記得的，就是宏圖。想著那個半人馬座ω球狀星團，並且繼續努力前進。顯然地，五百多公里高的太空，或者是哈伯天文望遠鏡眺望宇宙的制高點，比起沒有窗戶的小房間更容易看見宏圖。如果你在小房間裡，可能難以看見事物之中更龐大的意義，但那些意義確實存在。就在同事臉上的微笑，或者幫助他人時獲得的滿足感，這些事物都與我那天在軌道上見到的景致一樣美麗。我們只需要提醒自己停下腳步，欣賞事物最原本的模樣。倘若我們能夠這麼做，我們會發現繼續追求長久且有意義生活的動力。我們必須如此。因為這個世界很脆弱，而且仰賴我們。

因此，只要你發現自己很沮喪，思忖為什麼要忍受工作與生活的艱困問題時：

★觀看四周，用片刻享受這個美麗的星球。你生活在一座天堂，你需要欣賞這座天堂，並且在自己有能力的時候，好好守護它。

★面對很有挑戰性的情況，試著完全接納這個情況。將挑戰視為成長的機會，並且善用這個機會。

★想像半人馬座 ω 球狀星團。記住你生命之中的「宏圖」，思考在這座由我們所有人共享的星球上，你對於所有生命的貢獻。記住你做這些事的理由、記住仰賴你的人們、記住你做這些事的熱情。

你可能以為思考宏圖會讓你覺得自己無足輕重。在如此龐大且無法完全領略的宇宙中，我的存在怎麼可能重要？有時候，確實會有這種感覺。但這種感覺也會讓你明白，能夠存在於此，從一開始就是驚人的奇蹟，而任何奇蹟都不應該被浪費。

Chapter 10

請接納所有改變

人生唯一不變的就是變化。學會接受，並且擁抱改變。

亞特蘭提斯號太空梭於二〇〇九年五月二十五日降落在艾德華空軍基地（Edwards Air Force Base）時，我的第二次哈伯天文望遠鏡任務就此完成，那是一個悲喜參半的時刻。我很高興能夠安全地回到地球，但也有些悲傷，因為，除了任務結束之外，太空飛行歷史上的一個時代，很快就要走向終點。這次的任務是太空梭計畫最後的其中一次飛行。在短短的兩年之內，太空梭計畫就會結束。太空梭將會除役，放置在博物館，重大的改變近在眼前。

我在全國各地旅行，到許多研討會、會議、校園及企業活動演講時，聽過許多關於「改變」的討論。改變無所不在，沒有人可以逃過改變，航太總署當然也是如此。在太空梭計畫之初，航太總署原先計畫讓太空梭有朝一日能夠成為民間運輸的商用載具。航太總署實際上也正在重新編寫太空梭的飛行手冊，讓民間飛機駕駛員往後也能操作。後來，挑戰者號在一九八六年發生爆炸意外，航太總署明白自己還沒有準備好將他們的太空船轉變為商業運輸載具。

但是，到了二〇一一年，隨著太空梭除役，航太總署希望善用這個轉變的契機鼓勵民間商業公司，讓新科技得以參與太空梭計畫。航太總署與SpaceX等公司合作成立了商業載人計畫（Commercial Crew Program），將航太總署的許多工作——設計、打造及操作太空船——都交給民間公司負責。當航太總署的太空人搭乘SpaceX的天龍號（Dragon）太空船發射時，他們不會和休士頓的任務管控中心通訊，而是向加州霍桑（Hawthorne）的SpaceX管控中心進行通訊。直到太空船與國際太空站完成對接之後，才會轉換為航太總署的任務管控中心。

隨著商業太空飛行計畫的推動，也導入了大量的新科技。太空梭原本是由指揮官手動操作飛行與降落，幾乎每一次的任務，從操作機械手臂到進行精準的太空會合（Rendezvous），都是手動完成。每一次的緊急事件處理流程以及中止情況，也都是由太空梭隊員進行。現在，這些工作交給自動系統、電腦，以及人工智慧處理。換句話說，商業太空飛行更為仰賴科技，而不是太空人。聽見這個計畫，太空人辦公室中的許多成員都認為：「你在開玩笑嗎？」對於我們來說，那是前所未有的想法，我也是其中一位質疑者。我們格外無法接受太空梭座艙內的自動化運作。

後來，新的計畫開始，逐漸建立自己的成績，我們也對於他們的能力和創新愈來愈有信心。我們看見新計畫的進展，以及改變能夠帶來的優勢。SpaceX

計畫有能力重新使用原本的發射載具，方法是將第一節火箭降落回地球，地點為海上的一座平臺，甚至能夠在夜晚時完成降落。這種可重複利用性之所以可行，就是採用了我們一開始質疑的新科技與自動化運作。可重複利用性也大幅度減少將太空人和酬載物品送上太空的成本。

SpaceX也向我們證明了，大多數由一位太空梭隊員介入處理的緊急狀況中，採用電腦處理其實會更安全，自動化操作比人工操作更安全。到了這個階段，我們認為：「這樣很好，我們想要安全地活著。」因為太空梭過去是手動駕駛的載具，隊員必須負責處理一切有可能發生的情況，我們也要進行事先準備，以防萬一。所以我們為了任何以及所有可能的偶發事件，進行無止盡的訓練。最近，我曾經詢問我第一次太空任務的飛行員，綽號「挖掘機」的杜安·凱瑞，在為了任務而進行的訓練中，有多少並未在太空中派上用場。他的答案是九九·九九%。新的自動化太空載具得以大幅減少訓練時間，因為電腦能夠處理大多數從一開始就不太可能發生的「假設」情況。訓練時間減少，可以讓更多不是航太總署受訓太空人的人們在太空飛行，而航太總署的太空人可以將節省的訓練時間，用於專注處理飛行任務的其他面向，例如太空漫步、科學實驗，以及教育推廣。

時至今日，我們看見愈來愈多人前往太空，也有愈來愈多的實驗在太空進行。我在哥倫比亞大學的學生近來啟動了一項生物醫學太空實驗，從SpaceX的天龍號太空飛行器送往國際太空站。這種機會在幾年前仍是前所未聞，而這一切之所以可能，唯一的理由就是航太總署在太空梭除役之後，追求大膽改變協助建立的商業太空計畫。

我們現在處於太空旅行的新時代，這個時代之所以可能，唯一的原因就是我和我的太空人同儕過去難以接受的重大改變。更難以接受的，則是我們當中有許多人必須面對迅速變遷帶來的抉擇。現在不只是讓新人物和新觀念負責領導的時候，可能也是我們之中的一些人應該讓道的時候。

改變是無可避免的

隨著太空計畫的本質改變，我和太空計畫的關係也改變了。二〇一〇年四月，在太空梭飛行計畫進行最後一次飛行任務的一年前左右，佩姬．懷特森請我到她的辦公室，她說有緊急情況。佩姬除了是我的朋友與太空人訓練班的同學，現在也是我的老闆，她剛被任命為太空人辦公室的主任。她是航太總署史上第一位擔任這個職位的女性與平民，也是第一位負責指揮國際太空站的女性，最後更是在國際太空站創下了美國公民累積最長停留時間紀錄：六百七十五天。

我踏入佩姬的辦公室時，她說有一位被指派到國際太空站進行六個月任務的太空人有健康醫療問題，無法即時處理，不能繼續進行飛行任務訓練。她希望我取代那位太空人。在國際太空站進行長時間的飛行任務是很棒的機會，但在那個時候，我依然希望自己可以參與最後一次的太空梭飛行任務，我請求用二十四小時的時間思考這個問題。

作為一位仰望月球，希望前往太空的男孩，我從來無法想像自己會不願意前往太空。但佩姬現在給我這個機會，不只可以前往太空，還能夠在太空生活。七歲的麥克必定會因此狂喜，但走出佩姬辦公室時，我只有……矛盾的感覺。我已經進行過兩次太空飛行任務，我認為那是最棒的任務，我過去只能夢想自己有機會參與。新的飛行任務必須在俄羅斯待幾個月，接受俄羅斯聯盟號的飛行訓練，將我離家的時間往後拉長兩年半，這個時間甚至還沒有計算離開地球進行任務的時間。遠離家園的短程旅行，例如另外一次的太空梭飛行任務，我還可以接受，但這次的任務要求投入更多……我不知道。孩子們處於真正需要我待在他們身邊的年紀。我的理智告訴我，如果拒絕這次飛行任務指派，我必定會後悔；但在我的心裡，我知道如果接受了會更後悔。隔天，我前往佩姬的辦公室，謝謝她給我這個機會，但我說我無法接受。她雖然失望，但可以理解，也說會將我納入後續任務機會的考慮人選。

離開佩姬的辦公室時，有種奇特的感覺席捲而來，一股寒意震撼了靈魂。這種感覺不只是一個篇章結束，而是某個事物已經逝去。我是一位剛剛拒絕太空飛行任務的太空人，不願意前往太空的太空人，還是一位真正的太空人嗎？在那個時候，我明白這就是結束的開始。我知道自己還會在航太總署擔任某些職位幾年，至少在我的孩子從高中畢業之前。但在那一刻，我很清楚一切都結束了。我即將要滿五十歲，我還年輕，還能夠飛行，但隨著太空梭計畫的結束，從俄羅斯搭乘聯邦號太空飛行器出發、前往國際太空站進行長時間飛行任務，可能是在商業太空計畫發展期間，未來十年內唯一一張前往太空的門票。我們即將進入一個時代，太空飛行可能不再是我需要，或者我想要的那樣。我從來不曾想像這一天會來，但這一天終究來了：我永遠無法再以航太總署太空人的身分進行太空飛行。我必須找一份新的工作。

他們說唯一不變的，就是改變。改變無可避免，我們所有人都知道，但基於某種原因，我們從來不曾為了改變做準備。當我們身處順境，甚至是逆境時，會順理成章地以為這就是生活的全部。隨後重大的改變到來，讓我們措手不及。走出佩姬的辦公室，我知道自己必須開始思考新的方向。但我應該做什麼？原來答案一直都在我身邊。

從我愛上進入太空這個想法開始，我一直同樣執著於所謂「太空的故事」，太空探索如何鼓舞所有年紀的人們。我將HBO播放的《太空先鋒》錄在錄影帶，可能已經看過五十次，甚至六十次。只要航太總署和太空計畫出現在電影或電視節目中，我永遠都會收看——不是因為我非常喜歡好萊塢或電影明星，而是因為我相信太空很重要。小時候，我狼吞虎嚥地閱讀像儒勒・凡爾納（Jules Verne）的《海底兩萬里》（*20,000 Leagues Under the Sea*）等書籍，因為那些故事的主題，就是如何突破我們能去的地方與能做的事情的極限。來自人類經驗最前線的故事，挑戰我們的想像力，促使我們思考並且夢想更龐大的目標。大多數的人永遠不會前往太空，我們告訴他們的太空經驗故事，就是他們唯一能夠獲得的啟發，所以我們有義務講出正確的故事。

回到二〇〇九年四月，在我進行第二次太空飛行任務STS-125的一個月之前，航太總署的公共關係辦公室詢問我有沒有興趣發送來自太空的第一則推特（Twitter，現改名為X）。我聽過推特，我知道推特愈來愈受到歡迎，而歐巴馬總統在幾個月前的就職典禮中也發送了推特。一開始，我不太確定。雖然我很喜歡分享自己的太空人經驗，但對於在訓練時進行這種會花費大量時間的事情，我有些擔憂。我曾經替美國廣播公司新聞網（ABC News）撰寫部落格，但寫了兩篇文章之後，我發現自己真的沒有時間。那種感覺就像學期報告的期限快到了——這個感覺永遠縈繞在你的腦海中——光是準備任務，我就已經有許多事要做。我和公共關係辦公室提出這個擔憂時，他們說，推特是很簡短的訊息，最多只能使用一百四十個字元。起初我不相信有人想要閱讀如此簡短的訊息。

「一百四十個單字？」我問，我有些困惑。「還是一百四十個字元？」

「字元。」他們說。

「哦，天啊。」我說，「連我都做得到。我當然願意。我很樂於發推特。」

隨後我只知道航太總署宣布我將會送出來自太空的第一則推特。他們幫我設置了推特帳號@astro_mike，在任務準備期間的最後一個月，我開始每天使用推特，分享我的經驗，直到發射日之前。

至於如何處理「來自太空的第一則推特」，我很清楚應該怎麼做，因為我從童年時期的英雄、那位傳奇人物身上學到，而他曾在地球大氣層外說出最著名的一句話。我成為太空人的第一個星期，尼爾·阿姆斯壯在休士頓的詹森太空中心參加太空人年度同學會。我們的訓練管理人佩琪·莫斯比（Paige Maultsby）聯絡阿姆斯壯，詢問他是否願意向新的太空人候選者班級演講。阿姆斯壯通常不會演講，但這次他同意了。

隔天早上，我們總計四十四位剛出爐的太空人候選者，聚集在詹森太空中心南方四號大樓六樓的太空人辦公室六六〇〇會議室。這個會議室的中間有一張巨大的會議桌，兩側擺放成排的椅子，面對中央的會議桌。房間的四面牆壁上掛著銘牌，銘牌裡面是迄今為止所有進行過的任務臂章，從艾倫・雪帕德的第一次水星任務開始，在房間牆壁上持續延伸，直到當時剛完成的太空梭飛行任務STS-78。對於太空人候選新鮮人來說，六六〇〇室是一座聖地。我們環顧那個房間，夢想著有一天，有自己名字的臂章將會出現在牆上。

在人類第一次成功登月的偉業中，尼爾・阿姆斯壯因為對於自身貢獻懷抱著謙遜和感恩之情而聞名，他永遠將功勞歸於協助阿波羅十一號任務的數千位地面工作人員。在剛剛進入會議室的那位英雄身上，依然能夠清楚地看見那些特質。尼爾・阿姆斯壯從我們座位後方走入會議室時，我們所有人都起立了，就像王室來訪。我們並未事先規畫這件事，只是出自本能地如此。尼爾走到會議室的前方時，只是站在我們面前片刻，似乎因為我們的注目而感到不自在。他的內向彷彿到了痛苦的程度。他開始用一種靜謐內斂的聲音說話，向我們講述他在艾德華空軍基地擔任測試飛行員的歲月，駕駛X-15前往太空的邊界是什麼感覺。令人驚訝的是，在他的演講中，完全沒有提到他是第一位踏上月球的人，他甚至沒有談到上太空。他似乎不願意提起，彷彿那不是重要的事情，就像他只是在盡忠職守。如果世界上真的有一個人可以大肆吹噓自己的成就，那個人必定是第一位踏上月球的人。在那個時候，活在地球上的每個人，都可以準確地記得他們看著尼爾．阿姆斯壯踏出那個歷史性步伐時，自己身在何處。但是，尼爾似乎不願意接受伴隨那個成就而來的關注。我聽過所有討論尼爾的太空人同仁——吉姆．洛維爾、約翰．楊恩，以及艾倫．賓——都說這個理由讓尼爾成為第一位踏上月球之人的最佳選擇。除了卓越的飛行技巧，尼爾還擁有優雅與謙遜的特質，能夠讓他避免陷入分心。那天下午聆聽他的演講，完全增加了他在我心中的英雄地位。

向我們分享擔任測試飛行員的經驗之後，尼爾開放提問。當然，我們所有人想問的，都是關於登陸月球以及在月球上漫步。我沒有機會向尼爾提出我想問的問題，但我們隔天出席參加航太總署向太空人同學會參與者舉辦的一系列當前計畫報告時，我再度和童年時期的英雄共處一室。到了午餐時間，自助餐送到會議室，我們所有人都在排隊取餐，我站在隊伍中，等著裝滿空盤子時，抬頭發現尼爾站在我面前，也在等著取餐。

體認到自己獲得一生只有一次，與尼爾單獨交談的黃金契機，我向他自我介紹，提出昨天想要請教的問題，關於那段從此載入史冊，非常動人且有意義的句子。

「尼爾，」我說，「你第一次踏上月球說的話，『這是一個人的一小步，人類的一大步。』你是如何想到這句話？是你的太太要你這麼說的嗎？你有聘請公關人員嗎？你何時決定那就是你要說的話？」

尼爾放下餐盤，給我一種困惑的表情。「麥克，」他說，「直到我們登陸月球之前，我沒有想過自己會說什麼。我唯一思考的就是登陸月球，因為如果我失敗了，就沒有任何理由說任何話。」隨後，他傾身靠近，稍微變得嚴肅，我認為他希望讓這個教導時刻成為我職業生涯中的珍貴經驗。「麥克，」他說，「你的經歷尚淺，但你必須明白，這是非常嚴肅認真的志業。你不能因為外在的影響而分心，你的首要任務是妥善完成自己的職責。所有的公共關係、名聲，以及其他的種種一切都只是陪襯，不是這個工作的本質。如果你因為那些事情分心，就會發生壞事。」他停頓，讓他的訊息有時間進入我的腦海。

「你明白了嗎？」

「我懂了，尼爾。」我說，「謝謝你和我分享。」

我對於尼爾所說的話有些驚訝。我一直假設那段歷史性的宣言會有更多的規畫和集思廣益，但尼爾所說的很合理。我銘記在心中，十三年之後，當我負責發出來自太空的第一則推文時，我非常清楚地知道自己應該怎麼做。在任務發射前幾個星期的最後一次記者會，我和隊友坐在一起，所有人都穿著STS-125任務團隊的馬球衫坐在講臺上，望著臺下的記者們，其中一位記者問我：「你會發出什麼樣的第一則太空推文？」

我毫不遲疑地召喚內心深處的英雄尼爾．阿姆斯壯。「我思考的不是自己要在那則推文中說什麼。」我說，「我專注於任務，我們必須先抵達軌道。」為了強調我的想法，我又補充說道：「如果我們沒有成功抵達軌道，也不需要發任何推文了。」

幾個星期之後，我們成功抵達軌道。到達太空以後，我們迅速地拆開電腦貨箱，啟動電腦，連結至可以讓我們向地球發送訊息的區域網路。我飄向電腦，我的隊友梅根．麥克阿瑟帶著相機就定位，準備拍攝這張歷史性的照片，捕捉我送出來自太空的第一則推特。我飄到電腦面前，手指放在鍵盤上準備輸入，思考應該要說什麼時，一個念頭一閃而過：多年以前，我從我的英雄尼爾．阿姆斯壯獲得的建議，是我人生中得到最糟糕的建議。

我完全不知道應該說什麼。要我說出永恆或者有歷史意義的話語是不可能的，我甚至完全想不到要說什麼。我曾經短暫地想過尼爾．阿姆斯壯是不是當著我的面說謊。「他不可能在登陸月球之後才想到那些話。」我心想，「絕對不可能！全世界，我的意思是，整個世界都在看著並且傾聽他會說什麼。除此之外，他在月球上！他不是羅伯特．佛洛斯特（Robert Frost）或瑪雅．安傑羅（Maya Angelou）那種詩人。他是測試飛行員！他在那種壓力之下，到底要怎麼樣想出如此優美的宣言？」

我承受的壓力完全不同於尼爾．阿姆斯壯。我不在月球上，我只是在距離地球幾百公里之外的無重力環境之中四處飄浮。全世界也沒有正在聆聽，或者觀看直播，想要知道我的一字一句。地球上甚至只有少數人知道我是誰，或者我在哪裡，但我依然想不出該說什麼。我唯一想到的句子是：「可惡的尼爾．阿姆斯壯！」但這不會是很好的第一則太空推文。

我知道自己還有其他工作要處理，例如準備與哈伯望遠鏡進行太空會合以及我們的太空漫步任務，我必須發出推文，所以我迅速地輸入腦海中的第二個想法。各位女士先生，以下就是來自太空的第一則推文：

> 來自軌道：「發射超棒的！我覺得很好，正努力工作中，享受美麗的景色，一生的冒險就此開始！」

這則推文在五月十二號星期二，經由推特發送至地球，在接下來的那一周，我完全不知道相關的反應，或者是否有人真的在乎。我完全沉浸於我們必須完成的工作，我不清楚地球上的情況。直到下個星期一，我們完成最後一次的太空漫步任務時，我才飄到一臺筆記型電腦面前，查看我的電子郵件。當時是休士頓的傍晚，我很高興看見家人寄來一封電子郵件。除了恭喜我們成功完成太空漫步任務，也向我提到周末深夜電視節目的討論。知名喜劇節目《周六夜現場》（*Saturday Night Live*）嘲笑我和我的第一則太空推文。顯然地，我的孩子認為這樣很酷，而且是當天校園的討論話題。

陶醉於自己很酷，但我很快發現《周六夜現場》將我批評得體無完膚。他們的評論出現在節目中的〈周末消息〉，賽斯・梅爾（Seth Meyer）坐在新聞臺後方報導。「太空人麥克・馬西諾登上亞特蘭提斯太空站，」他在開場時說道，幾乎講對了我的名字，並將太空梭弄混為太空站。「成為第一位在太空使用推特的人，而他在推文中說：『發射超棒……』」他使用最單調且無趣的聲調念出「發射超棒」的部分。隨後，他暫停片刻，讓那句話沉澱，又繼續說：「所以，經過四十年，我們從『人類的一大步』變成『發射超棒』。」這句話讓他大笑，他又繼續說，「如果我們真的在宇宙中遇見其他生命，我猜想以下是我們會收到的通知。」在那個時刻，螢幕上出現一張圖，有我的推特帳號，看起來像 @astro_mike 發了一則推文，內容是：「天啊，老兄，外星人耶！」

真好笑。

這就是我不只登上《周六夜現場》，而且成為地方國中與高中校園話題的過程——送出「毫無準備」的第一則太空推特。幾年之後，我參加阿波羅十一號五十周年紀念活動，與尼爾・阿姆斯壯的兒子馬克（Mark）和瑞克（Rick）聊天，我和他們成為了朋友。我告訴他們，關於我從他們父親獲得的建議，我問他們是否認為尼爾真的在登陸月球之後才思考自己要說什麼。「沒錯，很有可能是真的。」他們告訴我，「他就是如此。他只關心完成自己的分內職責。」我猜想，尼爾．阿姆斯壯的心中有一個詩人。

我們有時候以為某些職業很光鮮亮麗，人們可能認為太空人就是如此。但真相是，這個職業需要奉獻、犧牲，以及刻苦付出，沒有太多的日常光采。特定的太空人因為達成了偉大的成就而無法避免成名——約翰．葛倫成為第一位進入地球軌道的美國人、莎莉．萊德（Sally Ride）是第一位進入太空的美國女性——但航太總署的哲學一直都認為，太空人獲得的名望不重要，為了團隊，應該輕描淡寫地處理。眾所皆知，幾年以前，一位太空人候選者出席迎新活動時，已經為自己聘請了公關人員，因為他認為自己必定會獲得許多讚美；這件事情讓人們很不高興。航太總署的成就屬於太空計畫的所有成員與組織，不是任何個人。

然而，與此同時，我們依然必須講述太空的故事。總要有人講述太空的故事，而沒有人比曾經前往太空、有親身經歷的人更適合。與我的太空人同仁相比，我認為自己是一位優於平均的太空漫步者，但在這個工作的其他層面，我可能只是剛好符合平均（考慮到我的同事都是一群菁英人物，剛好符合平均已經非常有挑戰性）。但是，在這個工作中，我似乎最適合，且比許多同仁更享受的部分，就是講述太空的故事。對於一般的測試飛行員或航太工程師來說，他們可能不喜歡上鏡頭；但不知為何，我面對鏡頭很自在。我總是非常享受與大眾分享我的太空經驗故事，所以航太總署從一開始才會請我在太空發推特，他們認為我是正確的選擇。所以，是時候擁抱人生的新階段，探索我對講述太空故事的興趣了。

從太空發出的第一則推特讓我有了名氣，而相較於最近任何一次的太空梭任務，哈伯望遠鏡最後一次任務獲得的公共關注也超乎預期。有幾部紀錄片以我和我的隊友為主角，其中包括一部IMAX電影《哈伯太空之旅3D》（*Hubble 3D*）。航太總署也持續請我以機構的名義發言，以及參加該部電影和其他媒體作品的公關活動。我代表航太總署參加在德州奧斯丁舉辦的西南偏南（South by Southwest）電影節，也開始有人邀請我上深夜電視節目，包括在哥倫比亞廣播公司（Columbia Broadcasting System，CBS）的《克雷格・弗格森深夜秀》（*The Late Late Show with Craig Ferguson*）擔任半固定成員。

隨著我參與更多公開活動，也收到更多的邀請。在脫口秀主持人大衛・萊特曼（David Letterman）和家人一起到甘迺迪太空中心觀賞二〇一〇年五月的STS-132任務發射時，航太總署請我擔任他們的導遊。我和大衛、他的妻子蕾吉娜（Regina），以及他們的客人度過了美好的時光。大約一個星期之後，大衛和他的製作人聯絡航太總署，邀請我擔任哥倫比亞廣播公司《大衛・萊特曼深夜秀》（*The Late Show with David Letterman*）的來賓。我很喜歡這個發展，對於航太總署來說，也是非常好的公關推廣。我得以大量接觸電視、新聞及電影製作圈，也開始認識生活在那個領域、成就斐然而且非常友善的人們。人們想要更了解航太總署在太空中達成的振奮成就，而我很樂於告訴他們，航太總署也很高興讓我擔任發言人。

人生的新方向

於是，好運降臨了。在生活中，我們經常努力規畫自己的機會。我們設定目標，努力完成我們認為想要達成目標必須做到的事情。但有時候，我們需要做的，只是接受出現在眼前的機會。這就是那天發生在我身上的事情。我坐在桌前，接到伯特・烏爾里奇（Bert Ulrich）的電話，他是航太總署華盛頓特區總部公共關係事務處的電視與娛樂產業聯絡人。

「麥克，」他說：「你聽過The Big Bang Theory（大爆炸理論）嗎？」

「我當然聽過。」我回答：「數十億年前形成宇宙的大爆炸。」

「哦，不是。」伯特說：「不是那個理論，而是電視節目《宅男行不行》（*The Big Bang Theory*）。」

我當然聽過那個節目，那是非常受歡迎的喜劇，主角是幾位在科學、科技、工程及數學領域工作的人物。伯特繼續解釋，那個影集的製作人和編劇對於支持航太總署與太空計畫展露了強烈的興趣，想要擴展故事線的可能性，讓劇中一位角色前往國際太空站。他們希望影集內容有趣且可信，想要諮詢一位太空人的想法。伯特認為我是最適合這個工作的太空人。

於是我搭機飛向洛杉磯，打電話給節目製作人，他們邀請我前往位於柏本克（Burbank）的華納兄弟工作室（Warner Brothers Studio）劇組編劇室。我在隔天早上抵達，驅車穿過攝影棚停車場，我看過的每部華納兄弟電影開場都會有那些攝影棚，很酷。我將車子停在劇組辦公室所在的小建築外面，有人送我進去編劇室，裡面有一張大型會議桌，大約有十五人坐在桌前。來到這裡是一種令人興奮、幾乎超現實的體驗。「這就是一切開始的地方。」我心想。該劇的共同創作者比爾·普拉迪（Bill Prady）與查克·羅里（Chuck Lorre）都在，還有影集的其他編劇。我們開始交談，認識彼此之後，我很快就明白我正在和一群非常聰明且有趣的人們相處。

他們歡迎我，接二連三地提出問題，大多是關於太空人生活的有趣小細節，是沒有參與太空計畫的人們永遠無法想像的，例如我們怎麼獲得綽號。我告訴劇組成員，你不能挑選自己的綽號，如果你有意為之，可能會適得其反。我告訴他們一位新進太空人候選者的故事，他是一位平民，不熟悉軍方和航太總署對於綽號的方針。一位經驗豐富的海軍飛行員太空人詢問這位新進的太空人候選者有沒有綽號。這位太空人候選者說他真的很喜歡《星際大戰》（*Star Wars*），他想被稱為「天行者」（Skywalker），因為他最喜歡的角色是天行者路克（Luke Skywalker）。

那位飛行員聽完之後差點大笑。「所以你很喜歡《星際大戰》，是嗎？」

「沒錯，非常喜歡！」太空人候選者回答，「請叫我天行者！」

飛行員停頓片刻，仔細思考他的要求之後回答：「我不認為天行者路克是你正確的綽號。你的綽號現在是恰恰．冰克斯（Jar Jar Binks）[11]。」

從此之後，那位可憐的太空人候選者就被稱為恰恰．冰克斯，更常被簡稱為冰克斯，他沒有任何方法可以改變這個結果。

我還告訴他們幾乎沒有人知道的太空人職業細節，例如出差報支。以政府雇員身分進行的所有出差旅遊，你都會拿到出差命令單。從休士頓前往航太總署華盛頓特區總部時，你的出差命令單會寫著：「從：德州休士頓；前往：華盛頓特區；並且返回。」出差命令單上還會列出費用額度，例如交通運輸費用、住宿費用及餐費等。前往太空也不例外。我永遠不會忘記自己發射進入太空之前，必須在出差命令單上簽名。這個「政府雇員出差旅遊」單上面寫著

11 譯註：恰恰．冰克斯是《星際大戰》中一位動物人形角色，非常滑稽討喜。

「從：佛羅里達州甘迺迪太空中心；前往：低地球軌道；並且返回。」我看見「返回」時特別鬆了一口氣，至少航太總署計畫讓我活著回到地球。隨後，我看見單據上的旅費細節。交通運輸費用：已提供（因為我們搭乘太空梭出差）；住宿：已提供（我們睡在太空梭裡面）；餐費：已提供（我們吃航太總署存放在太空梭的食物）。所有的出差旅行費用都是〇元，只有一個例外：雜費，一天三美元。雜費用於支付小費、口香糖，或者可能會臨時需要的費用。美國政府找不到方法將雜費設定為〇元，因此，太空飛行任務結束之後，每位太空人都會收到一天三美元的支票。更棒的是，根據政府規定，這筆費用被視為出差報支，所以不能課稅。多棒的飛行任務津貼！

我有很多關於太空人細節的小故事，而比爾、查克及編劇非常喜歡。幾個小時的談笑風生與結識朋友之後，是時候讓我說再見，回到工作崗位上了。大約在六個月之後，我收到比爾．普拉迪的電子郵件，詢問我是否願意演戲，以及我有沒有興趣加入影集擔任客串角色。我回信表示自己非常樂意，但我上一次的實質演出角色是在小學三年級的課堂話劇《知更鳥魯法斯在法庭的一天》（*Rufus Robin's Day in Court*）中飾演一隻鳥。比爾叫我不用擔心缺乏表演經驗。「長久以來，你都在做自己。」他說，「我們只希望你做自己。」我答應時，完全不知道這場新的冒險旅程會有多麼美好。

碰巧的是，我第一次參與該劇的演出，主題就是綽號。劇中角色霍華德・霍洛維茲（Howard Wolowitz）準備前往太空，他希望自己的綽號是「火箭人」（Rocket Man）。但與我的角色進行視訊會議時，他的計畫弄巧成拙，因為非常寵溺他的母親對著他的房間大叫，說香甜水果麥片快要泡爛了。霍洛維茲向我道歉，而我的回答是：「沒關係，香甜水果麥片。」於是他獲得了自己非常不想要的綽號。

第一次客串之後，我又獲得六次演出機會，讓我成為史上最成功電視影集之一的常設角色。隨著在媒體世界的成功，我開始思考如何將太空人生涯結束之後的時間，奉獻於講述太空的故事。我希望鼓舞所有年紀的人們追求生命中的星辰，就像我在自己人生中所為。由於我必須養家糊口，娛樂產業無法提供最穩定的職業發展生涯，我認為自己能夠找到配合的方法，而且是更穩定的說故事平臺——教室。我在一九九六年獲選為太空人時，曾經是喬治亞理工學院正在追求終生聘的工程學教授，而我非常享受那段時光。我喜歡教書，與學生合作，還有與教職員互動。我認為自己在幫助年輕學子學習與發展成為優秀的工程師與公民。我熱愛校園的能量和文化、美式足球比賽、籃球比賽，還有校園精神的感受。即使我的心屬於太空計畫，我依然認為自己在校園中找到了能夠讓自己保持長久快樂的職業。

碰巧的是，我拒絕佩姬・懷特森的國際太空站長期飛行任務邀請之後，她很快就再度請我到她的辦公室，通知我位於鄰近休士頓市中心的萊斯大學（Rice University），想請航太總署協助成立新的太空研究與經濟建教合作計畫，名稱為萊斯太空研究所（Rice Space Institute）。航太總署決定出借一位雇員至萊斯大學擔任執行總監，協助他們成立研究所，佩姬希望將我的名字列入推薦名單。這就是我需要的，我決定加入競爭，也獲得這個職位。這次的借調任命時間為一年，讓我有機會了解回到校園的感覺，並且繼續在航太總署奉獻。

我很享受回到萊斯大學的學術環境，幾乎完全等於我在喬治亞理工學院享受的種種一切，而且更好。借調至萊斯大學期間，我到紐約一趟，在我的母校哥倫比亞大學演講。我與工程學院院長唐．高德法伯（Don Goldfarb）共進午餐，他詢問我有沒有興趣到哥倫比亞大學做我在萊斯大學的工作，以航太總署借調人員的身分，加入哥倫比亞大學的教職員行列。我會被分發至機械工程學系，創立並且教授一門新課程，名稱是「載人太空飛行導論」。我也會協助與指導對太空相關領域研究與職業發展有興趣的學生。

我立刻把握這個機會，這是讓我嘗試學術生涯的另一次契機，也是回家的契機——回到大學時教育我的母校、回到紐約的家。紐約是世界的媒體首都，我有機會可以透過位於這座城市的廣大媒體通路，分享我的經驗。我詢問航太總署，他們核可了這個計畫。隔年，我將時間用於休士頓和紐約，搭機來回飛行，依然在航太總署做出自己的貢獻、在教室教導年輕的學生，也得以在有機會的時候，於鏡頭前講述太空的故事。我很享受這種生活。

在那幾個月，我愈來愈知道自己應該做什麼了，或許是時候離開航太總署，追求新的職業生涯了。但我想要確定這個想法，因此我開始拜訪我認識的前太空人社群，詢問他們的建議。毫不意外地，最睿智的建議來自我的月球漫步導師艾倫．賓。有天下午，我造訪艾倫家。那個時候，他已經快要八十歲，也有非常成功的後太空人轉型生活，決定追求自己的第二熱情：繪畫。這位曾經在月球上漫步的工程師與測試飛行員，對太空描繪的精確程度也讓人稱奇，他用一種獨特且美麗的方式，記錄他和阿波羅計畫太空人同仁的經歷。我從來沒看過有人的腦袋能夠結合如此傑出的左右腦天賦。

我告訴艾倫，我想要改變，而他說我不能將離開太空人辦公室視為結束，而是轉換至人生的新階段。他說，他離開的時候，思考過許多選擇：留在航太總署擔任不同職位、經商，還有成為商業航班的飛行員，就可以繼續飛行。但他最後決定將自己的後太空人生涯視為追求第二個夢想的機會，他決定追求成為畫家的夢想，以滋養他性格中的藝術面向。

這個決定不容易，他警告道，特別是在財務上。他和蕾斯利曾經有一段時間收入不多，也沒有太多存款可以仰賴。太空人是人民公僕，也就是政府的雇員。我們的酬勞豐厚，但遠遠不及於以這項專業技能可以在私人公司獲得的薪資。艾倫和蕾斯利必須做出犧牲，過著簡樸的生活。幸運的是，他們的犧牲有了回報，艾倫很快樂，在自己選擇的新職業生涯中獲得幸福與成功。

我們談了幾個小時。我和蕾斯利道別，感謝她願意讓我在這個下午借用艾倫。艾倫送我走到我的車子，又給我另外一個建議。「麥克，」他說，「無論你決定在人生的下一個階段做什麼，永遠不要覺得是自己應得的。永遠不要覺得別人虧欠你任何事情，因為覺得自己應得，是摧毀幸福與豐饒生活的死亡之吻。」

遺憾的是，艾倫和我都認識幾位太空人走上了這條道路，對於自己離開航太總署之後的生活，他們的想法是：「嘿，我曾經在太空飛行。我完成所有驚人的成就，我並未因此賺到豐厚的金錢。我為了我的國家與科學冒著生命的危險，所以我應該得到一些好處。」那是非常不好的想法，因為那些好處不會到來，「認為自己理應獲得」的感覺只會惡化，轉變成怨懟與憤怒。

任何時候，只要你認為生命之中有人虧欠你，你就絕對不會快樂。你的人生做任何事情，都應該是出於你熱愛這件事，因為你想要參與比自己更偉大的事物、因為你希望在人生中做出一些偉大的成就，並且回饋給其他人。作為太空人，你在航太總署服務的時候，有機會用自己的人生成就偉大；但離開太空計畫之後，你依然有機會用自己的人生成就偉大。但是你不能期待有人將偉大送上給你，因為沒有人虧欠你。

當我正在思考人生的下一個階段時，休士頓太空人隊（Houston Astros）也在慶祝他們加入美國職棒大聯盟的第五十個球季。這些年來，我和太空人隊的經營管理部門人員發展出很好的友誼，他們邀請我到休士頓市中心參加慶祝活動。太空人隊的幾位傳奇球員都出席了，在活動的某個階段，每位傳奇球員都被邀請上臺。有些球員已經八十多歲，要用拐杖才能走路。我得以看見自己年少時記得的明星球員，例如「玩具大砲」吉米・韋恩（Jimmy Wynn）、出身於太空人隊，在一九六九年紐約大都會隊獲得世界大賽的全明星捕手傑瑞・葛羅特（Jerry Grote），以及名人堂球星，有史以來最偉大的三振投手諾蘭・萊恩（Nolan Ryan）。

現場介紹的最後一位球員是賴瑞・迪爾克（Larry Dierker），他在一九六四年的十八歲生日時，穿著太空人隊的球衣進行大聯盟的初次亮相，並且在第一局三振了傳奇打者威利・梅斯（Willie Mays）。賴瑞在一九六〇年代至一九七〇年代之間是太空人的明星投手，也曾經擔任球隊的總教練四年。登上舞臺之後，賴瑞走向講臺，代表太空人球團說幾句話。他感謝每個人到場，也感謝球團在過去數十年來為了球員做的一切。隨後，他開始反思這次球員相聚的意義，也詮釋了在舞臺上聚集的球員心情與想法。

「那天，你十八歲，你三振了威利．梅斯。」他說，「你以為那種感覺會持續一輩子。後來你只知道自己六十五歲了，與所有的球員弟兄站在舞臺上，你心想著：『到底發生了什麼事？』但站在舞臺上的所有人，都認為自己還是那個穿著棒球衣走入大聯盟球場的十八歲孩子，那就是成為大聯盟球員對我們的意義。成為大聯盟的球員，對我們來說，就是如此充滿意義。時至今日，我們依然用這個方式看待自己，我們也會在餘生用這個方式看待自己，我們是美國職棒大聯盟的球員。」

我站在人群中，賴瑞的話語將我帶回STS-125飛行任務的最後幾天，我一生之中最美好的兩天。我們準備結束任務返回地球，就在我穿上發射與進入大氣層專用的太空衣之後，我們立刻接到任務管控中心捎來大禮的電話：佛羅里達的氣候惡劣，所以我們不可能降落在甘迺迪太空中心，我們預定返回大氣層的日子也被迫取消。我們還要在太空中多待一整天，而且完全無事可做。飛行計畫中沒有任何工作，因為我們本來應該在這天返航。我們必須啟動廚房和廢棄物存放系統（Waste Containment System），也就是我們的太空廁所，但也只有這兩件事情要做。除此之外，那天是假日。隔天也是完全相同的情況，天氣一樣惡劣，又要在太空放一天假。到了第三天，他們終於要我們轉為降落至加州的艾德華空軍基地，所以我們一共在太空中有兩天的休息日。我將那兩天用於坐在亞特蘭提斯號太空梭駕駛艙的窗前，望著我們的星球，以及周圍的宇宙。我喜歡在太空中聽音樂，到了那個時候，我已經精選了繞行地球軌道飛行的完美播放清單。夜裡凝視南十字星座的時候，我聽湯瑪斯・紐曼（Thomas Newman）為電影《第六感生死緣》（*Meet Joe Black*）譜寫的原聲帶；白天飛過非洲時，我聽酷玩樂團（Coldplay）的〈我心深處〉（In My Place）；聆聽史汀（Sting）的〈為何應該為你而哭〉（Why Should I Cry for you）則是在飛越陽光閃耀的太平洋時；電臺司令（Radiohead）的所有歌曲則是用於觀看一次又一次的日出。我正身在天堂。

另一方面，我的隊友們則是開始有些焦慮。他們不知道應該如何運用手上的空閒時間。他們在亞特蘭提斯號太空梭的中層甲板安裝了臨時的劇院系統，用來觀賞電影。當我正在觀賞深夜雷雨點亮澳洲上方雲層的某個時刻，我的朋友兼隊友德魯·費斯特爾從中層甲板呼喚我。「嘿，馬斯。」他喊道，「下來這邊！」

「怎麼了？」我依然因為下方的奇蹟景致而感到目眩神迷。

「我們要開始看《衰腳神父》（*Nacho Libre*）了。」他說，聽起來有點急迫。

「謝謝！」我喊回去。「我會等到回到地球再看！」

《衰腳神父》是一部很有趣的電影，我是演員傑克·布萊克（Jack Black）的忠實粉絲，但我不可能把自己待在太空的最後幾個小時，用於觀賞一部關於摔角的喜劇。飄浮在空中，欣賞太空梭窗外的景致時，我有時間讓自己完全沉浸在周圍的美，思考這次任務，以及這些就是我曾經夢想的巔峰，我所實現的百萬分之一機會。正如那些大聯盟球員，等到我八十歲的時候，帶著拐杖走上舞臺，參加周年紀念活動時，我會永遠想起那個時候的自己，處於職業生涯的高峰，才剛讓哈伯天文望遠鏡重獲新生，在地球上空飄浮，看著人類文明在底下飄盪。這是我完成的最偉大成就，沒有任何事物可以取而代之。但如果我無法走出這個成就，繼續往前邁進，我只會毀了這個回憶。聽賴瑞·迪爾克說話，我明白在完成任何偉大的成就之後，你必須學會如何達成不可能：**你必須有能力放下某些事物，即使你會在內心深處永遠記得**。

所以我決定這麼做。在哥倫比亞大學為期一年的訪問學人時間快要結束時，校方向我提供全職教職，我同意了。我已經找到人生的下一個階段：教導下個世代的夢想家與科學家，同時保持一定程度地參與媒體世界，繼續講述太空的故事。我用了五年才做出這個決定，這段時間我不知道自己應該做什麼，五年來，我害怕自己會對於任何決定感到後悔。但我現在覺得自己就像再度降落至地球，我找到自己的人生新階段，我找到我的新家。

欣然接納一切改變吧

我在航太總署的最後一天是二〇一四年七月二十八日星期一。從我在詹森太空中心宣誓成為太空人之後，已經過了將近十八年。我選擇用星期一作為最後一天，所以我可以參加在六六〇〇會議室舉行的太空人辦公室周一晨間會議，向所有人說最後一次再見。那個時候，鮑伯・本肯（Bob Behnken）已經取代佩姬・懷特森，成為太空人辦公室的主任。鮑伯在會議開始時感謝我對太空人辦公室和航太總署的奉獻，他們隨時歡迎我來探望。隨後他給我機會說幾句話，我走到會議桌前方，環顧這個房間，十八年前，我就是坐在這個房間參加自己第一次的周一晨間會議。一九九六年時掛在牆壁上的任務臂章依然安在，但自此以後也增加了許多臂章，包括有我名字在上面的STS－109以及STS－125。「沙丁魚班」的同學大名也都在牆上，包括蘿芮爾・克拉克（Laurel Clark）、威利・麥庫爾，以及在STS－107任務臂章上戴夫・布朗（Dave Brown）的名字——隕落的哥倫比亞號隊員臂章。

十八年來發生了許多事情，國際太空站完工、哈伯望遠鏡經歷維修、商業載人任務正在規畫、許多太空人完成訓練並獲得飛行的資格。「沙丁魚班」大多數的同學已經離開了，但少數人依然留在航太總署。還有一個新的太空人班級，綽號是「八號球」（The 8 balls），我望著那些看著我的年輕臉龐，我太熟悉他們臉上渴望且充滿能量的表情。我謝謝他們願意給我幾分鐘的說話時間。我告訴他們，我多麼感激自己有機會能夠加入這個組織與這個家庭十八年。雖然我即將離開太空人辦公室，但我不會離開太空人家庭，這是一輩子的羈絆。我會保持聯絡，如果我可以用任何方式幫助這個房間之中的任何人，我必定會很榮幸地盡一己之力。我補充說道，我很期待人生的下一個階段，但我會永遠想念這個房間的人們，以及我在航太總署的經驗。

我得到了非常熱烈的掌聲，我和一些人握手致意，與朋友自拍，然後就是離開的時候。我繳回電腦和行動電話，收拾所有的紀念品，將物品放入車內，走向總署的前門，還有最後一件事情要做。我交出自己的航太總署太空人識別徽章，換得全新的「前太空人」識別徽章，代表我依然可以回來參觀。這讓我覺得自己依然屬於這個家庭。一日為航太總署的太空人，終生是航太總署的太空人。我們擁有的羈絆，永遠不會消失。

時至今日，距離我離開航太總署，已經將近十年了。一開始，我曾經非常質疑自己的決定。我怎麼可以放棄自己的夢想工作？我又怎麼能夠拒絕飛行任務？我常常發現自己的內心充滿後悔。後悔是我最不喜歡的其中一個詞，也是不惜一切代價想避免的。對我來說，後悔代表因為錯誤的理由做出決定、沒有辦法獲得重新決定的第二次機會，會因此導致不滿與不快樂。如果情況惡化，甚至會讓生活變得幾乎無法忍受。但任何重大的決定，很可能都無法避免有一絲後悔。這種情況發生時，我讓自己有三十秒的時間後悔，然後繼續堅持下去。

邁向新的階段是基於信念的縱身一躍，但這些年來，對於日後所有收穫的感謝，已經取代了我的懷疑。太空探索依然是我的摯愛——排在我的妻子、家人及朋友之後——也永遠都會是如此。但我已經明白自己依然屬於太空計畫，而我現在有機會在哥倫比亞大學的教室中，向學生分享我的經驗；在無畏號航空母艦博物館上，我擔任太空顧問，向遊客分享我的經驗；在每年參加的活動和研討會上，我可以在許多次的主題演講中，向聽眾分享我的經驗；我經常出現在電視上，與更廣大的聽眾討論太空探索的發展現況；我也可以藉由寫這本書，向你分享我的經驗。現在的我，心中已經沒有懷疑。

因此，面對人生或事業的改變時，欣然接納吧。為了達到這個目標，你可以考慮以下的建議：

★請記得沒有任何事情是永恆的，唯一的不變就是改變。或許，你熱愛自己正在做的事情，但這些事情本來就不應該永垂不朽。也許這些事情只能維持該有的一段時間，才能將你導向新的事物。

★不要將改變視為損失，而是追求嶄新事物的契機，甚至是更好的事物。

★將人生的新階段視為踏入未知領域的太空漫步第一步。你或許不知道有什麼在等著你，但那些事物很有可能是璀璨壯麗的。

★人類前往月球的理由，就是人類最一開始離開洞穴的理由：對於未知世界的基本好奇心。永遠都要記得，在外面的世界，生活還有更多美好，你有義務讓自己找到那些美好是什麼。

我們無法總是控制人生的境遇，特別是像太空計畫的結束或者顛覆全球的流行傳染疾病等重大轉變。好吧，幾乎所有事情都是如此。我們可以控制的，是自己的觀點，以及我們如何回應。**生命會向你投出變化萬千的曲球**。現在和十年之後相比，這個世界也會變成一個完全不同的地方，這是無可避免的。**比起拒絕接受，選擇欣然接納，你會更快樂**。

結語
帶著太空人的指南啟航吧！

所以，至此你已經學到了我從航太總署及往後人生明白的幾個啟示，也是自從我在將近十年前離開太空計畫之後，能夠與最多人產生共鳴的啟示。我想念待在航太總署的時光、想念我的朋友、想念我的同事、想念走進任務管控中心值班（甚至想念跨夜值班）、想念與「滑板車」一起駕駛T－38飛機，在墨西哥灣上空表演飛行特技與騰雲奔馳。但願我還可以再搭上太空梭一次，與我的隊友一起維修哈伯望遠鏡，凝視我們的星球和宇宙的壯闊美景。但即使我如此想念這些事物，我最為感謝的，其實是我有機會能夠體驗一切，感謝人生的那段時光引領我走到今日，因為我現在擁有的人生同樣美好無比。

在我第一次太空飛行任務之前，我的隊友兼朋友約翰．格倫斯菲爾德在我上太空攝影課程時，給我一個建議。「馬斯，」他說，「你從太空回來之後，只會剩下兩個東西：照片和回憶，而回憶會慢慢散去。」雖然我的回憶依然清楚鮮明，但我近來想起那個建議有多麼重要。我看著太空望遠鏡影像攝譜儀維修任務的頭盔攝影機記錄影像，也就是本書描述的那次任務。我從來不曾看過這些影像，從那次任務結束之後，已經過了十四年，我一次都沒有看過。看著影像，我才發現，在處理扶杆問題時，經歷超過一個小時緊張的團隊合作與找到解決方法之後，德魯・費斯特爾只是單純地告訴我檢查清單的下一個工作。他用一種標準的口吻說話，幾乎就像緊急問題根本沒有發生過。我們必須回到工作崗位，然而我並未遵守德魯的要求，而是問他能不能讓我休息一分鐘。我仰身向後，花時間讓自己從這個緊張的事件中恢復冷靜。我看著我們的星球，讓自己的心理做好繼續工作的準備，而且非常感謝還有第二次機會。三十秒之後，我開始處理工作。看著那個影像，讓我想起那個驚奇的日子是如此令人激動，就在距離我們星球五百多公里的高空上。這件事情又是如何將我塑造為現在的模樣——正如我加入航太總署以及往後的眾多經驗。

我擔任航太總署太空人的十八年之間，每位人物、每起事件，以及每個時刻都是有意義的。但講述以及書寫那些人事物——正如觀看艙外活動頭盔記錄的影像，讓我有機會提醒自己，是什麼原因讓其如此特別。然而，我現在可以與更多人分享那些回憶。我很感謝聽眾有興趣聆聽，也很高興我的故事能夠幫助其他人探索人生的旅途。我希望我的太空飛行啟示，能傳遞給已經讀完本書的你，可以協助你實現自己最偉大的夢想——屬於你的登月。

祝你好運，願你的旅途一帆風順。

致謝

在我寫作這本書時，許多人都扮演了重要的協助角色——這個名單很長，但請讓我試著向他們表達感謝。

★我的共同作者譚納．柯爾比（Tanner Colby），陪伴我走過另外一次的文藝創作旅程，同時分享了他卓越的寫作才能。

★我在聯合人才經紀公司（United Talent Agency）的文學經紀人博德．利威爾（Byrd Leavell）以及丹．米拉雪斯基（Dan Milaschewski），他們協助我提出這本書的構想，以及實現這個構想。

★我的編輯丹．安布羅席歐（Dan Ambrosio）以及在赫學圖書集團（Hachette Book Group）的團隊，他們對我很有信心，相信我能夠完成這個計畫，並且在一路上指引我。

★我的朋友、同仁，以及家人，他們讓我保持真誠，確保我講出正確的故事：史考特．「滑板車」．歐特曼、傑夫．阿許比、蕾斯利．賓、約翰．布拉哈、查理・波登、丹・伯班克、德魯・費斯特爾、麥克・芬克、羅伯特・「虎特」・吉布森、約翰・格倫斯菲爾德、葛雷格・「Ray J」・強森（Greg "Ray J" Johnson）、吉姆・「維加斯」・凱利、東尼・拉魯沙（Tony LaRussa）、潔西卡・馬瑞納席歐（Jessica Marinaccio）、法蘭・馬西米諾（Fran Massimino）、蓋比・馬西米諾（Gabby Massimino）、丹尼爾・馬西米諾（Daniel Massimino）、梅根・麥克阿瑟－本肯、唐・派提特、比爾・普拉迪，以及瑞克・「CJ」・史托克

★我的家人：蓋比、丹尼爾、法蘭、奧莉維亞（Olivia）、奈特（Nate）、喬（Joe）、海蓮娜（Helene）、凱西（Casey）、艾迪（Eddie）、莉亞（Leah）、李奧（Leo），以及瑪特（Matt），謝謝他們的愛與支持。

★最重要的感謝要獻給我的妻子潔西卡，她永遠在我的背後（與心中！）支持我。

國家圖書館出版品預行編目（CIP）資料

打敗不可能：把握 0.000001% 成功機率，你也能從地球到太空／麥克・馬西米諾（Mike Massimino）著；林曉欽譯. -- 初版. -- 臺北市：今周刊出版社股份有限公司, 2024.12
面；　公分. -- （Unique；69）
譯自：Moonshot : a NASA astronaut's guide to achieving the impossible.
ISBN 978-626-7589-08-3（平裝）

1. CST: 自我肯定　2. CST: 自我實現　3. CST: 職場成功法

177.2　113016393

Unique 069

打敗不可能：把握0.000001%成功機率，你也能從地球到太空

Moonshot: A NASA Astronaut's Guide to Achieving the Impossible

---

作　　者　麥克・馬西米諾Mike Massimino
譯　　者　林曉欽
總 編 輯　李珮綺
責任編輯　吳昕儒
封面設計　木木Lin
內文排版　家思編輯排版工作室
校　　對　蔡緯蓉、李珮綺

企畫副理　朱安棋
行銷企畫　江品潔
業務專員　孫唯瑄
印　　務　詹夏深

發 行 人　梁永煌
出 版 者　今周刊出版社股份有限公司
地　　址　台北市中山區南京東路一段96號8樓
電　　話　886-2-2581-6196
傳　　真　886-2-2531-6438
讀者專線　886-2-2581-6196轉1
劃撥帳號　19865054
戶　　名　今周刊出版社股份有限公司
網　　址　http://www.businesstoday.com.tw

總 經 銷　大和書報股份有限公司
製版印刷　緯峰印刷股份有限公司
初版一刷　2024年12月
定　　價　420元